JN045454

本当の自分に還る旅

～心の鎧（よろい）を脱いでありのままに生きていこう～

嶋村えり子

イタリア アッシジ

マルタ共和国

ギリシャ パルテノン神殿

フランス サント・ボームの洞窟

フランス ルルド

はじめに

本書を手に取ってくださりありがとうございます。

あなたは今、思う存分、自分の人生を楽しんでいますか？

もしくは、人生何かうまくいっていないと感じていたり、個性を活かして自分らしく生きていきたいけれど、現実では難しいと感じていたりするでしょうか？

すでにご存じの方も多いかと思いますが、２０２０年の冬至を境に、時代は「風の時代」へと入りました。世の中を見ても、近頃、時代が大きく変わってきた、時代が転換している、と肌で感じている方も多いかと思います。

これからの新しい時代をイキイキと輝いて生きていきたい！　と願っている方は、自分を抑えて、周りに合わせた生き方に違和感をいだいていらっしゃるのではないでしょうか。

というのも、これからの時代は、自分らしく、自分の心に正直に……もっというと

「魂の望み」のままに生きていく人が、時代の流れに乗っていくからです。

もし今の自分の生き方に違和感を覚えているのであれば、あなたはもっと自分らしくイキイキと生きていきたい！　と、心の底では思っているのではないでしょうか。

とはいえ、まだまだ、これまでの古い時代の在り方に引っ張られてしまっているかもしれません。

たとえば、無理をしてでも頑張らないと周りから認められない、認められるために本当の自分を隠して作っていたり……。

それはまるで、ありのままの自分を隠して覆う「鎧（よろい）」を着込んでいるようなもの。ガチガチの重たい鎧を着ているわけですから、窮屈ですよね。

これまでの時代を生きるには、自分を守ったり、自分を隠して周りと歩調を合わせたりするために、その鎧が必要でした。

しかし、時代の転換もあり、もう鎧を脱ぎ捨てて本当の自分で生きる時を迎えています。

私は今、「音」と「色」を使って、その方本来のエネルギー（周波数）に整えるセラピストとして活動しています。クライアントさんの多くが、

「周りに影響されることなくブレずに自分らしくいたい（自分軸で生きたい）」

「飾らず、自然体の自分で生きたい」

「人の目を気にせず、本来の自分を出して（表現して）いきたい」

「より軽やかに楽しく生きたい」

と、お話ししてくださいます。

それこそがこれからの時代の生き方、つまり、ありのままの自分で自由に生きていく生き方ですよね。

とはいえ、かつての私こそ本当の自分を出せず周りに合わせて生きてきました。「私なんて」という無価値感から、ものごとをネガティブに考えがちでした。

30代で離婚も経験し、仕事も新たにゼロからのスタートをきりましたが、周りから求められている自分にならなければと、頑張りすぎたり、周りに合わせて自分の気持ちを無意識にも我慢したりしていたのです。結果、自分がどうしたいのかもわからない状態が続き……ついには心療内科に通い、薬を飲まないと動悸が治まらない状態にまでなってしまいました。

今思い返せばそれらはすべて、自分の心の声を聴かず、自分を愛してあげていなかったゆえに起きた出来事でした。そんな中、自分が経験する現実は、すべて自分のエネルギー（周波数）の表れなのだと、気づくことができたのです。その辺りは、本文で詳しくお伝えしたいと思います。

私は音や色のセラピー以外に、大切にしてきた活動があります。それが、聖地を巡るリトリートの企画開催です。

自分の好きなことを仕事にすることが目標だった私は、心理学やスピリチュアルの学びを深めていました。ある日、参加した自己啓発のセミナーで、「何をしている時が一番楽しいか？」を書き出すワークがありました。

そこで書いた答えが、「旅行の計画を立てている時」。その時はセラピストとして独立することが目標だったので、旅行は好きでも旅行会社への就職や旅にまつわる仕事をしようとは全く考えてはいませんでした。

旅も仕事にできたら最高だけど、でも「どうやったら好きな旅行も仕事にできるのだろう？」と、疑問に思ったままでした。

その後も、心惹かれるがまま、その土地から呼ばれるがまま、世界各国を旅して回っていました。

当時は自分でも「私はセラピストとして早く独立したいはずなのに、なぜ旅行ばかりしているのだろう？　仕事も休まなければいけないし、お金もかかるし……」と思う反面、でも「今、行ったほうがいい気がする！」と感じ、心が駆り立てられるまま動いていました。

私が旅好きになったきっかけは、短期大学在学中の頃、テレビ番組でイタリアのローマ市内にあるヴァチカン市国のサン・ピエトロ寺院・システィーナ礼拝堂の壁画修復の番組を目にしたことです。

当時は、短大を卒業したら就職をするのが一般的な流れでした。私もその流れのままに就職活動をしつつも、「私は本当はどの職業に就きたいのだろう？」「本当は何をしていきたいのだろう？」と、就職や将来に対して漠然とした思いを抱いていました。

そんな時にたまたまシスティーナ礼拝堂の壁画修復のテレビ番組を目にし、壁に描かれているミケランジェロが手掛けた『最後の審判』や天井一面の絵を見て、衝撃を受けたのです。

「天井、壁一面にこんな壮大な絵が描かれているってどういうこと⁉」

「この世にこんなに美しいものがあるんだ！」

「この壁画を実際に見てみたい！」

その時にヨーロッパを旅したいという気持ちが湧き上がってきました。

それからずっと、テレビで観た壁画や天井画が頭から離れませんでした。

今思えば、壁画に込められたミケランジェロの〝エネルギー〟がテレビを通して放たれていて、そのエネルギーに共振して、私の中にある何かのスイッチが入ったのでしょう。

絵画は将来の展望とは全く無関係でしたが、システィーナ礼拝堂の絵を見たい！という一心でヨーロッパを旅することを決め、短大まで出してもらった両親には申し訳ない気持ちもありましたが、就職はせずフリーターの道を選びました。

その後一年間お金を貯め、西ヨーロッパ各国の主要な美術館や教会を巡ることを軸におき、半年間いろいろな国を電車で旅しました。本物の名画や彫刻などのエネルギーを実際に感じられたことは、今でもかけがえのない宝物です。


その旅の第一の目的であったサン・ピエトロ寺院の祭壇前に立った瞬間、不思議と涙がポロッとこぼれました。

嬉しい気持ちはあっても、泣くほど感情的にはなっていなかったので、なぜ涙が溢れたのかが自分でもわかりませんでした。でも、ふと、こう思ったのです。

「過去世の自分が来たかった場所なのかな……」

きっとあの時、自分の中で何かが解放されたのでしょう。

この旅路では、さまざまな体験をしました。

ドイツからチェコへ向かう電車の中で、事前に購入していた切符が使えないことがわかり、周りに何もないものすごく田舎の駅で、「次の駅で降りて」と言われて途方に暮れたり……。

スペインでは、宿泊していたホテル裏のデパートがテロで爆弾をしかけられ、その爆風でホテル1階フロントの大きいガラスや、周辺の店のショーウィンドウのガラスがすべて割れて抜け落ちたのを目の当たりにしたり……。

ロンドンでの夜、食事をした帰り道に「お金出しなさいよ」と10代の女の子たちに脅されたり……。

他にもいろいろありましたが、そのおかげでたくましく鍛えられました（笑）。

もちろんびっくりするような出来事だけでなく、助けてくれる人や親切に案内をしてくれて食事までご馳走してくれるいい人たちにもたくさん出会うことができました。

この時の経験があったからこそ、その後の海外でのリトリート企画開催に繋がったのです。

私たちは輪廻転生を重ねて、何度もこの地球で生まれ変わっています。

国や人種を変えて生きている中で、その時代を過ごした時の楽しかったいい思いや、未完了の思いなど、さまざまなエネルギーを残してしまうこともあります。

なぜだかわからないけど、「理由なくとても惹かれる」「呼ばれている気がする」「気になっていた国や地域の情報がさまざまなところから目に入ってくる」など、なんだか駆り立てられる思いがある場合は、過去世の人生と何か繋がりがあるかもしれません。

皆さんも旅行に行くと、気分がスッキリした、リフレッシュできた、自分を取り戻せた、という体験をしたことがあるのではないでしょうか？

私も今まで40か国ほど旅をしてきました。聖地と言われている所や、自分が惹かれた所へ行くと、自分の意識が変わり、自分の軸が強くなった感覚や、視野が広がったと感じることができたのです。

そのように、理由はわからないけれど、なぜか惹かれるという土地を訪れ、その土地のエネルギーに触れることによって、私たちの「意識」も変わります。

自分が変わっていくには、まず、自分の「意識」を変えていくことが大切です。その土地のエネルギーに触れ、感じることで、私たちは自分の意識を変容させることができます。つまりは自分のエネルギー（周波数）を変えていくことができるのです。

自分の周波数が変わると、体験する現実も変わっていきます。

旅をすることで、自分の意識が大きく変わることを、身をもって体感した私は、世界の聖地を巡るリトリートを企画。友人であるスピリチュアルカウンセラーの並木良和さんとともに開催する流れになりました。はじめて携わった海外のリトリート企画で、私が変わるきっかけとなった、サン・ピエトロ寺院を訪れることになったのです。

以前は「好きな旅を仕事にするなんてどうやって？」と全く見えていませんでしたが、「その時に惹かれたこと」「今したい！　と感じたこと」に動き続けることで、時間はかかっても「こうやって形になるんだ！」と実感しました。

こうして私自身、『本当の自分に還る旅』が始まりました。

実際、リトリートの準備を兼ねてたくさんの聖地を回り、そのたびに優れたチャネラー（目に見えない高次元の存在と繋がってメッセージを降ろす）である並木良和さんを通じて、さまざまな聖人や女神からのメッセージをいただき、私自身とても深い学びをたくさんいただくことができました。

その聖地の情報やエネルギー、聖人からのメッセージを自分だけにとどめるのではなく、ぜひたくさんの方にお届けしたい！　そんな思いから、YouTubeチャンネル『えり旅』を始めました。

その土地のエネルギーを意識して巡ることは、よりたくさんのエネルギーを受け取ることに繋がります。動画ではそれぞれの聖地のエネルギーなどをお伝えしています。

本書では、今まで訪れた各地のエネルギー、そして伝えていただいた聖人や女神、進化したスピリットからの言葉の中でも、私自身がずっと大切にしてきたメッセージと、私自身の体験も含めシェアさせていただきたいと思います。

本書が、皆さまのこれからの人生の旅路において、心の鎧を脱ぎ、自由にあなたらしく、ありのままに生きていけるよう、背中を押すきっかけになりましたら幸いです。

嶋村えり子

Vatican City

目次

はじめに　5

第1章　ありのままの自分で生きる

ありのままの自分、出せていますか？　27
知らず知らずのうちに着ている「心の鎧」　28
「他人からどう思われるか」が重要だった今までの時代　32
他人に合わせた生き方をやめよう　35
自分軸と他人軸、どっちで生きている？　36
自分軸とワガママの違い　40
自分がしたいorしたほうがいい？　43
「人の役に立ちたい」の根底にある思い　46

心の鎧を脱いでありのままの自分で生きよう　50
ありのままの自分でいることを許そう　54

第2章　世の中はすべて映し鏡

映し鏡って？　61
現実を創るしくみと周波数　64
感情にも周波数がある　70
放ったものが返ってくる宇宙の法則　73
「ない」意識は「ない」現実を呼ぶ　77
まずはどうなりたいかを決めよう　81
外側（他人）に向けていた意識を、内側（自分）に向けよう　86
「音」を使って自分の周波数を変えよう　89
自分の言葉は自分に一番響いている　93
言霊を意識して口癖を変えよう　97

「色」を使って周波数を整えよう　99
色は自己表現の一つ　102

第3章　自己愛とは自己責任

自分の価値を認めていこう　114
自分の人生の選択に100%責任を持とう　116
自分を100%大切にしよう　119
「まぁ、いいや」をやめよう　121
まずは覚悟を決めよう　124
自己愛とは自分のすべてを受け入れること　127

第4章　本当の自由と平和

相手が変わらないという自由も認めよう　138
相手を受け入れると何かが変わります　140
相手を許して軽やかになろう　143
ジャッジを手放そう　146
心の鎧を着る＝ファイティングポーズをとる　153
心の鎧を脱ぐには、ジャッジをやめよう　154
知恵の女神から教えてもらった本当の強さ　161
ハートの中にある松明に平和の炎を　168

第5章　魂の自由を得る

魂の自由とは？　178
手放すってどういうこと？　180
執着や期待を手放していくことの大切さ　182
執着があると願いは遠ざかってしまう⁉　185
ありのままの自分と今の自分を隔てているもの　188
正直であることこそ、本当の自由　193
ありのままのあなたこそがギフト　198

第6章　あなたは受け入れられている強い存在

あなたは愛されています　210

あなたはすでに受け入れられている強い存在　212
魂から自由になろう　216
おわりに～魂の本当の道を生きるには～（聖母マリアからのメッセージ）　219

カバーデザイン　高岡　聰
イラスト　ｍａｙｏ　ｉｗａｍｏｔｏ
編集協力　澤田美希
　　　　　望月千尋
校正　鷗来堂
本文仮名書体　文麗仮名（キャップス）

第１章

ありのままの自分で生きる

聖フランチェスコ

聖フランチェスコはイタリアで有名な聖人の一人で、フランシスコ会の創設者として知られるカトリック修道士。聖フランチェスコは人を愛し、動物や自然もこよなく愛しました。自然のあらゆる存在を兄弟姉妹と呼び、小鳥に説教をしたり、狼に咬みつくのをやめるよう改心させたというエピソードは有名です。たくさんの人々に神の慈愛を示した聖人です。

サン・フランチェスコ聖堂（世界遺産）

〈イタリア アッシジ〉

イタリア中部に位置する「アッシジ」は、聖フランチェスコの出身地として知られています。趣のある素敵な石造りの小さな街で、穏やかでのんびりとしていてリラックスできます。キリスト教（カトリック）の巡礼地としてたくさんの人々が訪れます。

アッシジの街

〈こんな時におすすめ〉

- これからの人生を模索したり、顧みたりしたいとき
- 平和・調和・自分の中の陰陽のバランスを整えたいとき
- ゆっくり過ごすことで、本当に大切なことに気付けたりする土地

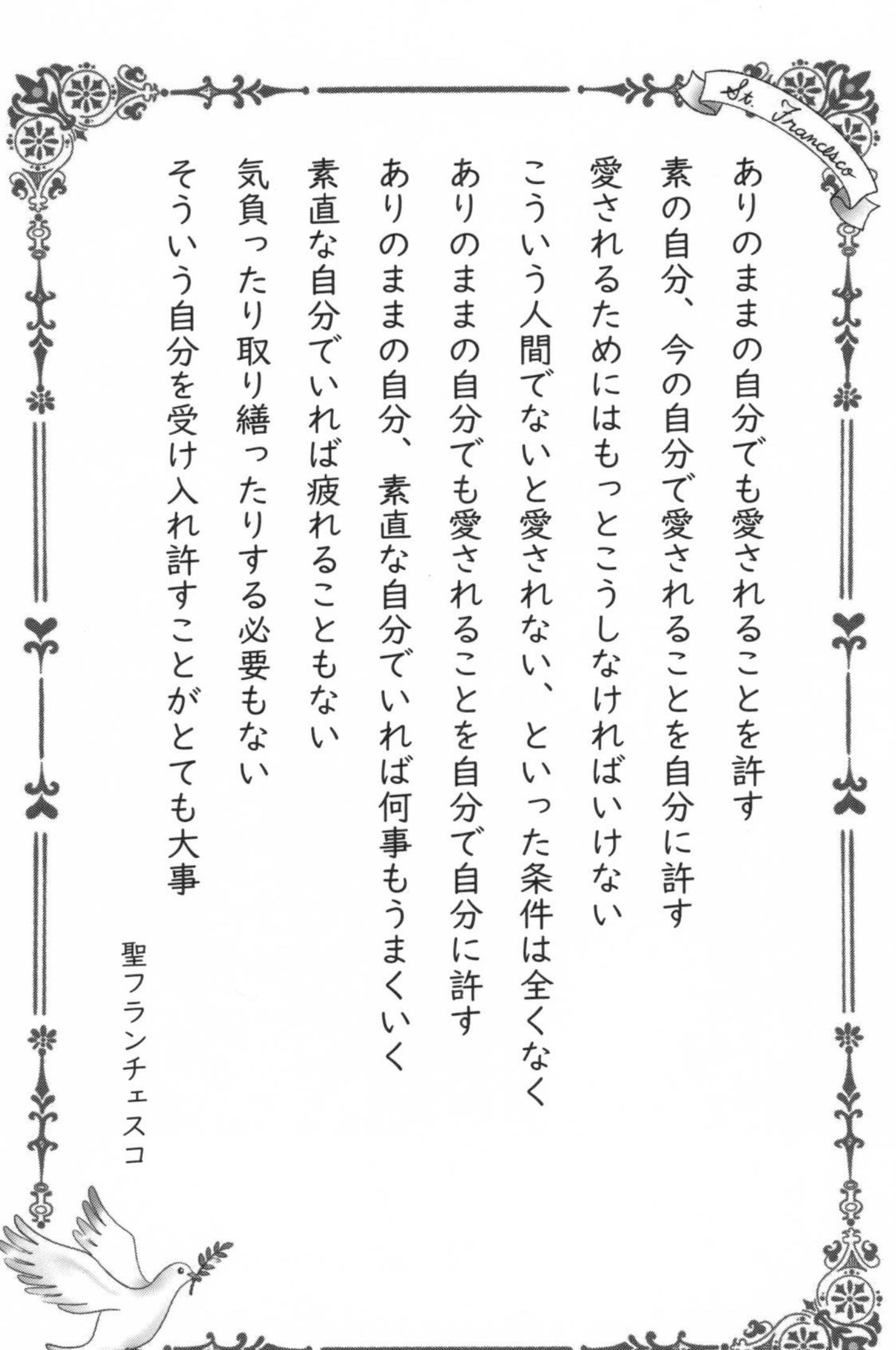

ありのままの自分でも愛されることを許す
素の自分、今の自分で愛されることを自分に許す
愛されるためにはもっとこうしなければいけない
こういう人間でないと愛されない、といった条件は全くなく
ありのままの自分でも愛されることを自分で自分に許す
ありのままの自分、素直な自分でいれば何事もうまくいく
素直な自分でいれば疲れることもない
気負ったり取り繕ったりする必要もない
そういう自分を受け入れ許すことがとても大事

聖フランチェスコ

ありのままの自分、出せていますか？

皆さんもきっと、「ありのままで」とか「自分らしくあろう！」というキーワードを、最近よく耳にしているのではありませんか？

でも、いざそのようにありたい、振舞いたいと思っても、それってなかなか難しい……。そう思われている方も多いのではないでしょうか。

素のままの自分を出したいけれど、なかなか素直になれなかったり。

今までの自分＝周りから求められている自分像を簡単には崩せなかったり。

聖フランチェスコの言葉にあるように、あなたはありのままの自分でも愛されることを許せていますか？

日頃、誰の前でも自然体、素の自分で過ごせていますか？

それとも逆に、周りに合わせて自分の気持ちを抑えたり、気を使いすぎて疲れたり、窮屈さを感じているでしょうか？

知らず知らずのうちに着ている「心の鎧」

「今の私はありのままの自分を出せていないな」

「ありのままの自分でも愛されることを許せていないな」

そう感じているのであれば、あなたの幼少時代を思い出してみてください。無邪気だった子供の頃は素直に自分を表現できていませんでしたか？

遊びたい、眠たい、これが食べたい、これをしたい、これが好き……と、思うままに表現していたという人がほとんどですよね。

なのに、なぜ大人になった今、自分を素直に表現できないのでしょうか。

私たちは成長していく過程で、さまざまな固定観念や既成概念が育って、無意識のうちにいろいろな定義づけをしています。

「〇〇はこうするもの」

「〇〇はこうあるべき」

「〇〇しなければならない」

「〇〇ができなければ、認められない」

「正しくしなければならない」
「きちんと・ちゃんとしなければいけない」
きっとあなたも、このような定義づけをしてしまっているのではないでしょうか？
また、人から期待されている自分を演じてしまったり、いい人に見られるよう振舞ってしまったり、「できる人に見られたい」と頑張ってしまったり、人からバカにされないように本当の自分を隠してしまったり……。

そうやって、**知らず知らずのうちに、自分の本心を表に出さず、傷つかないように と、「心の鎧」を着込んでしまうのです。**

たとえば女性であれば「女らしく……」、母親はこうあるべき」、男性であれば「男は男らしく！　男は人前で涙を見せてはいけない」、また兄弟姉妹であれば「お姉ちゃんらしく……お兄ちゃんらしく」などと大人から言われたことも関係しているかもしれません。

また、子供の頃に兄弟や周りの友達と比べられて傷ついたり、自信がなくなったりしたこともあったかもしれません。

一度着込んだ鎧は、脱ぐのがなかなか大変です。

「心の鎧」とは「プライド」と言い換えることができます。

虚勢を張って自分を取り繕った以上、その自分像を崩すには勇気がいりますし、着込んだ鎧はどんどん強固なものになってしまうからです。

鎧を着て取り繕った自分を周りから褒められたり、素敵ですねと言われたりすると、尚更、脱げなくなってしまいます。

しかし、この本当の自分を隠す「鎧」を着ている限りは、「ありのまま」「自分らしく」「自然体」を体現していくのは難しいのです。

私も、気づけば子供時代から、いろんな鎧を着込んできました。私は三人兄妹の末っ子で、家族から何か役割を強いられるわけでもなく育ってきましたが、小さい頃から背が高かったせいか、「大人っぽい、しっかりしていそう」と周囲から言われてきました。そのため、自分でも無意識のうちに、「そうならなければ」と、勝手に周りから期待される自分像を作っていたのです。

「しっかりしていなければいけない」「弱いところを見せてはいけない」「バカにされたくない」という思いから、素直になれなかったり、ありのままの自分を出せないでいました。

私の場合は、負けてはいけないという戦いのエネルギーが強かったので、大人になるにつれてだんだんと鎧も厚くなり、「本当の自分がわからない」状態に陥ってしまいました。

望まれる妻にならなければと自分を抑えたり、仕事でも与えられた業務をしっかりこなさなければと、期待される自分になろうとしていたのです。

そして、周りから承認されるために知らず知らずのうちに、自分じゃない自分を作っていました。つまり、完璧な自分や望まれる誰かになろうとしていたのです。

聖フランチェスコはこのように伝えてくれています。

『愛されるためにはもっとこうしなければいけない
こういう人間でないと愛されない、といった条件は全くなく
ありのままの自分でも愛されることを自分で自分に許す』

しかし、その当時の私は、ありのままの自分で愛されることを許せていなかったので、「愛されるためには○○でないと」「周りに受け入れられるためには○○な自分でないと」という条件を無意識につけていたのです。

その結果、精神的に自分を追い込んでしまい、とうとう病気を招いてしまうことになりました。そんな経験から、私が選んで使っていた、「こうでなければ受け入れられない」「こうしなければ認められない」という固定観念が心の鎧となっていたことに気づきました。

あの頃の私は、外の反応ばかりを気にしていて、自分の心の声を無視して、相手にどう思われるかばかりを追いかけていたのです。

「他人からどう思われるか」が重要だった今までの時代

「はじめに」でもお話ししましたが、２０２０年の冬至を境に西洋占星術上、約２００年に一度の新しい時代に入りました。地の時代から風の時代へと転換したことで、私たちの日常に新たな価値観が着々と浸透してきていますよね。

多様性という言葉の通り、ジェンダーレス、性的マイノリティへの理解が広がり、それぞれの個性が尊重される時代に変わってきたと、皆さんも肌で感じていませんか？

「地」とは、物質を表します。つまり、ものやお金、肩書きなど、目に見えるものが重要視される時代でした。そのため、高学歴・高収入が一種のステータスとなり、高級な車や家、肩書きなど、形あるものを所有することが大切である、という価値観が定着していましたよね。

一方、「風」は、知性や精神性、情報など、目に見えないものを表します。物質や形あるものだけでなく、目に見えないものを大切にする時代。個性や自由、平等、コミュニケーション、人脈、多様性がキーワードです。

新型コロナウイルスの蔓延を境に、会社に通勤して時間や場所に縛られる形態から、リモートワークや、副業を認める会社が増えるなど、働き方も変わってきました。

そして、自分の時間を大切にし、心地いいなと感じる環境へと引っ越す方も増えているようですね。

また、凝り固まった一つの型にこだわりすぎたり、所有物をずっと握りしめているのではなく、カー・シェアや、定額の料金で毎月違った服や鞄などを楽しめるサービス形態も広がってきましたよね。

「形」の概念がどんどん変化しているため、「〇〇だからこうあるべき」というこれまでの固定観念から、多様な価値観が浸透しつつあります。

さらに、目に見えること・ものだけがすべてではなく、「本質」をとらえて生きていく時代に入っています。

この時代の転換という新しい流れは、変化することに対して苦しさを強いるためにやってきているのではなく、新しい価値観を浸透させるためにやってきた、いわば地球のサイクルです。

この新しい時代の在り方こそ、「心の鎧」を脱いで、それぞれが「本当の自分」を表現し、それでいて周囲とも調和しながら生きていくということなのです。

地球は新しい流れに入ったのに、そこで生きている私たちがいつまでも「心の鎧」を着けたまま、「古い時代の在り方」で生きていたらどうなるでしょうか。

自分の本当の声を聴かず、自分を取り繕ってしまうと自分の中で葛藤が起きて、よりツラく苦しい出来事を体験することになってしまうのです。

他人に合わせた生き方をやめよう

日本で育った大半の方は、「周りのみんなと同じがいい、同じだと安心」という、個性よりも協調性を優先する教育を受けてきたと思います。もちろん、私もそうでした。

そのように、他人に合わせるという概念が染み付いていると、「自分がどうしたいか」より、反射的に相手の意見に合わせてしまったり、「みんながそう言っているから」と自分の意見を言わないことで、周囲との調和を図ってしまったり。

決して協調性が悪いわけではありませんが、そのような環境で育ったことで、大人になってからも、「自分の本心を表現する」ということが苦手な方も多くいらっしゃるのではないでしょうか。あなたはどうでしょうか。

ちょっと無理をしてでも、人にどう見られるかを優先していませんか？　心の鎧を脱いで「ありのままの自分」として飾らず自然体で生きていくには、**「他人からどう思われるか」よりも、「自分がどう思うか」が大事です。**

他人を優先していた生き方から、自分の気持ちを大切にすること、つまり「自分軸」をしっかり持つ生き方に変えていくことが大切なのです。

自分軸と他人軸、どっちで生きている？

自分の考えをしっかり持って「自分がどう思うか」、自分の気持ちを大切に行動することが「自分軸」で生きるということです。

これに対し、「他人からどう思われるか」、他人からの評価を優先して行動するのは「他人軸」です。**「他人軸」で生きているのは、心の鎧を着込んでいる状態といえます。**

他人軸で生きていると、常に周りの評価を気にして、周りからどう思われるかを一番に大切にするようになります。

そして、周りに合わせてものごとの選択を他人に委ねたり、言動や思考の基準が他人任せになったりしてしまうのです。

たとえば「私が幸せじゃないのは、あの人のせいなんだ」

「あの人がこうした方がいいと言ったから、こうしたのに……」

このように、何かが起こると、周りのせいにしてしまったり、自分の行動に責任を持てなくなってしまいます。

一方、「自分軸」に一致して、自分の軸からブレずに生きていると、周りの意見に合わせるのではなく、自分の人生の選択に責任を持つことができるようになります。周りに左右されない在り方なので、自然体でありのままの自分でいることができます。それこそ、心の鎧を脱いで、自分らしく生きるということです。

とはいっても、24時間365日、一度も自分の軸からブレることなく生きるのは、難しいことですよね。友達や尊敬する人たちの意見、ニュースなどの情報に全く左右されないという方は、なかなかいないかもしれません。

私も気持ちがソワソワしたり、焦りを感じたりする時など、自分軸からブレているな、と気づくことがあります。だからこそ、自分の状態をいつでもチェックすることが大切だと感じています。

私たちは、他人軸、つまり心の鎧を着込んでいる状態が当たり前になっていると、鎧を着けている自覚がないこともあります。

では、心の鎧にはどんな種類の鎧があるのでしょうか。

心の奥にあるどんな気持ちから鎧を着込んでしまうのでしょうか。ここでいくつか例を挙げてみましょう。

あなたが着込んでいる鎧はあるでしょうか?

「**戦いの鎧**」

・負けたくない
・バカにされたくない
・なめられたくない
・自分の正当性を主張したい
・人を批判したり、ジャッジしてしまう
・傷つきたくない(傷つきたくないから先に攻撃をしてしまう)
・うまくいかないのを、誰かのせいにしてしまう

「**いい人の鎧**」

・みんなからいい人と思われたい
・自分を後回しにしてでも、人の役に立ちたい

・いつも自分の感情を抑えて、我慢をしてしまう
・自分より相手の状況や意見を優先してしまう
・約束を断るのが苦手
・本当は一人で静かに過ごすのが好きだけど、社交的なほうが好かれるからと、誘いには積極的に参加してしまう

「自分を大きく見せる鎧」
・すごい人、できる人、賢い人と思われたい
・能力を評価されたい
・流石だと言われたい
・弱い人、ダメな人、できない人と思われたくない

いかがでしたか？　あなたには当てはまる鎧がありましたか？

周りの人からどう思われるかが重要だった今までの時代では、自分を守るためにほとんどの人が無意識のうちに心の鎧を着込んでいたと思います。

大切なのは、まずは「自分も知らず知らずのうちに、いろいろな鎧を着ているんだ

な」と、気づいて素直に認めること。着ていることに気づけないと、心の鎧を脱ぐことができないのです。

逆に見て見ぬふりを続けていると、どんどん本来のありのままの自分から遠ざかり生きづらくなってしまいます。

ですから、自分はどんな心の鎧を着込んでいるのかな？　自分の軸からズレていないかな？　と、常に向き合うことが大切です。

自分軸とワガママの違い

「自分軸」と聞くと、「ワガママ・自分勝手・自己中心的」のような感じがする、などあまりよくないイメージを持っている方もいらっしゃるかもしれませんね。しかし、自分軸でいることとワガママとは、全く違います。

自分軸で生きるとは、先程もお伝えしたように、周りの人の意見に影響されずに、自分の考えをしっかりと持って、自分で決断して行動することです。

本当の自分軸で生きている人は、**自分の意思や考えを大切にしていますが、それを**

他の人に押し付けることはありません。

一方、ワガママで自己中心的な人は、**周りの人を大切にしなかったり、相手を尊重せずに自分の意見や望みを押し通そうとしたりしてしまいます。**

「今の自分の気持ちに正直に一致して表現しているんだから、これをしてもいいでしょ」「私は今、こうしたくないんだから、あなたが理解してよね」というように、自分がこうしたいからと、相手の状況も考えずに自分の意見を押し通そうとしたり、相手を自分の思い通りにしようとすることは、ワガママな姿勢です。

ここで、自分軸とワガママの違いの例を、2つ挙げてみましょう。

エピソード①

友達数人で、北海道に行こう！　という話になりました。

しかし、一人になってから、本当に北海道に行きたいのかどうかを考えてみたら、「寒い所は苦手だから、本当は暖かい沖縄に行ってみたいかも……」と自分の本心に気づいたとします。

その時に、約束はしたとしても「よく考えたら私は沖縄のほうに惹かれるから、今回は遠慮するね。みんなで行ってきてね」と断るのは、どうでしょう？

この場合は、自分軸からの発言です。

しかし、自分が沖縄に行きたいからと、無理やり他の人にも目的先を沖縄に変えるように強要するのは、ワガママな言動ですね。

エピソード②

友達との約束を、当日キャンセルしたとします。

約束をキャンセルすることが悪いわけではありません。当日、体調が悪かったり、やむを得ない事情があったりする場合は、自分を大切にするためにも断ることは大切です。

しかし、その日の気分で自分に一致しないからと、「今日はキャンセルさせて」とだけメールをしてドタキャンしてしまうのは、どうでしょう？　それは、ワガママですよね。

相手に謝ったとしても「謝ったのに冷たい態度をとられた」と文句を言うことも、

自分軸に一致した行動とは言えません。

なぜなら、**自分の行動を許容してもらって当たり前と、相手に押し付けてしまっているる**ことになるからです。

自分軸に一致している人であれば、友人にきちんと事情を説明して、相手に敬意を払います。もしも、レストランを予約していたなら自分からキャンセルの電話をするなり、相手が時間をとっていてくれたことに対して、素直に謝ることができますよね。

これらの例からわかるように、**本当に自分軸に一致している人は、自分を大切にするのと同じように、相手のことも尊重して敬意を払い大切にします。**

逆にワガママや自己中心的な人は、自分の考えこそ正しいからと、相手を尊重しようとはしないのです。

自分がしたいorしたほうがいい？

人に合わせることが当たり前になっていたり、周りからどんな自分として見られるかを一番にしている「他人軸」の在り方と、自分らしく自分の人生に責任を持って生きる「自分軸」の在り方とでは、行動の根っこにある思いが全く違います。

根っこにある思いとは、**その行動を「したほうがいいのか」、それとも「自分がしたいのか」**です。

どちらの思いが根底にあるかによって、行動に伴うエネルギーは大きく異なります。「これをしたほうがいいんだろうな」「これをしたら褒められるかな」という気持ちからの行動は、**他人軸、実は心の鎧を着ている**ゆえなのです。

その根底には、周りからどう思われるかがあります。そうすると、その行動に対して周りからの「反応、評価」を心のどこかで求めるようになります。「これをしたら、いい人って思われるかな」「これをしたら気が利く人、できる人って思われるかな」と、このように人からの反応を期待するようになって、結果として、**「他人からの評価＝自分の価値」**になってしまいます。

一方、「自分がしたいからする」という気持ちからの行動は、周りの「反応、評価」を求めません。自分がしたことに対しての評価も何も求めないので、周りがたとえ自分の行動に気づかなかったとしても、気になりません。このような生き方のほうが、ストレスもなくて楽ですよね。

たとえば、友達がソファー席の自分の隣に座ろうとしていたとしましょう。その席はいくつかのクッションで埋まっています。一つだけでもクッションをどかせば楽に座れるだろうなと思って、クッションを移動させたとします。

この時、自分が「したいからする」場合は、ただ「移動したほうが座りやすいだろうな」という思いで行動しているだけなので、仮に友達がクッションを移動したことに気づかず、「ありがとう」を言われなかったとしても、気になりません。

しかし、相手が「どかして欲しいと思っているんだろうな、したほうがいいかな」と相手の思いを先読みしてどかした場合は、「移動させたら気が利くって思われるかな」という思いから行動に移すので、「ありがとう」という言葉を期待するようになったり、または、気が利く人という評価を求めたりします。

「自分がしたいから」が基準の場合、相手から御礼を言われなくても気になりません。でも、他人が基軸になっていると、御礼を言われなかったことに引っかかってしまったり、相手からの反応がないことにモヤッとしてしまったりするので、その結果として自分が疲れてしまう。このように、「いい人の鎧」を着ていると、自分を大切にするどころか、心を疲弊させてしまうことになるのです。

「人の役に立ちたい」の根底にある思い

私たちの行動が、結果として誰かの役に立つのであれば、それは素晴らしいことですよね。でもここでも、どんな気持ちがベースにあって行動しているのかが重要になってきます。

というのも、**自分の無価値感（自信のなさ）を埋めるために、誰かの役に立ちたい、または人から頼られたい・認められたいという思いがベースになっている場合があります。**

自信がなく自分に価値が見出せなかったり、自分のことが好きではなかったりすると、他人からの評価や褒めてもらうことで自分を満たそうとして、他人が基軸になってしまうのです。他人軸でいる時、私たちは無意識でも鎧を着ている状態です。

何かをする時、この行動は自分軸か、それとも他人軸かを、見分ける方法があります。それは、「その行動を、もし他にやってくれる人がいるとしても、それでも自分はやりたいと思うか」です。

本当はやりたくないと思うのであれば、それは他人軸になっているということなのです。

たとえば、あなたが、オフィスの掃除を自主的にしているとします。もし他の人やプロの方が掃除をしてくれるとしても、それでも掃除をしたいと思うでしょうか？このとき、「やりたくない」と思うようであれば、それが正直な気持ちですよね。

もし、本当は掃除をしたくないのに、率先して掃除をしているのなら「気が利く人、いい人って思ってもらえるかもしれない」なんて期待が心の奥底にあるかもしれません。

もしくは、「他にする人がいないから、しかたなく」とか、「私さえ頑張れば、私さえ我慢すれば……」という自己犠牲からの行動の場合もあるかもしれません。

心当たりがちょっとあるかも……と感じた方は、**人が思う〝理想の自分〟になっていないかどうか、他人の評価で自分の価値を決めすぎていないかどうかを、**今一度、自分の行動の根底にある思いに照らし合わせて思い返してみましょう。

本当はしたくないのに、人の気持ちを優先して行動したことに対して、頑張りを評価してもらえないと、そのうち自分が疲弊してしまい、「こんなにやってあげてるのに！」「こんなにしてあげたのに、私の頑張りをわかってくれない……」と、最終的には不満が爆発してしまうかもしれません。

これは、私のクライアントさんのお話です。

小学生のお子さんを持つ、フルタイムで働くシングルマザーのAさん。

この方は、「子供にはちゃんとした手作りの食事を食べさせてあげたい」

「仕事をしていても、良い母親として手を抜いちゃいけない」

「同じような境遇でも、ちゃんとこなしている女性もいるのだから、私もそうしなければ」

「私は無理しても大丈夫だから、子供のために頑張らなくちゃ」

と、必死に頑張っていらっしゃいました。

しかし、仕事はフルタイムで、かつ家に帰ったらご飯作りも家事もこなすのは、とても大変。「子供のために」と思い頑張っていましたが、無理をしていたので、逆にイライラして子供にあたって怒ることが増えてしまったそうです。そんな自分のことも嫌になって、どんどん疲弊してしまったのです。

そこで、自分と向き合い素直な自分の感情を認めたことで、「良い母はこうあるべき」という、固定観念に縛られていたことに気づかれました。と同時に、「それをしなかったら母親として評価されない」という思いが根底にあったこと、「良い母親はこうあるべき」という鎧を着ていたことにも同時に気づかれたのです。

それからAさんは「良い母になるにはこうあらねば」という固定観念を手放し「完璧な母親である鎧」を脱いだことで、かたくなに頑張ることをやめるようにしました。仕事で疲れている時は総菜を買ったり、宅配ピザを頼んだりするようになりました。その結果、お子さんは買ってきた総菜でもピザでも、喜んで食べてくれて、また、彼女自身もイライラして怒ることがなくなり、お子さんとの関係も良くなったのです。

「相手のためにしてあげている」「自分は犠牲になってもいい」「良い母親とはこうあるべき」という思いは、特に子供や大切な人に対していだきやすいかもしれません。もしご自身にも当てはまるところがあれば、その行動は、他人が基軸になっていたり、〝こうあらねば〟という鎧を着込んでいたりするからなのかもしれません。まずは自分の根底にどんな思いがあるのかに目を向けてみましょう。

心の鎧を脱いでありのままの自分で生きよう

繰り返しになりますが、

「〇〇でなければいけない」
「〇〇しなければいけない」
「〇〇はこうあるべき」
「自分はこうでなければ」

などと、定義づけをしたり、周りと比較したりすることが「心の鎧」となっているのです。私たちは「人からバカにされないように」「軽視されないように」と、自分を守るためにも、無意識に鎧を着てきました。

ある意味、**心の鎧とは、自分が傷つかないようにと、この世界で生き抜くための防護服だったわけです。**

これからの時代では、逆に心の鎧を着ていることによって、守られるどころか、重たくて苦しくなってしまいます。

だからこそ、新しい時代の波に乗っていくのであれば、今こそ、心の鎧を脱ぐことが、とっても大切なのです。では、心の鎧を脱ぐにはどうしたらよいでしょうか。
まずは、心の鎧を着ていることを認めること。自分を大事に扱うこと。
そして、自分が思っていることを少しずつでも素直に表現していくこと。

ガチガチの鎧を着て、ずっと生きてきた人にとって、自分を素直に表現することは、ハードルが高いと感じるかもしれません。私もその経験があるので、よくわかります。鎧を脱いで本当の自分を出して生きていくことが怖いと感じる人にこそ、冒頭でお伝えした聖フランチェスコからのメッセージをお届けしたいのです。

『ありのままの自分でも愛されることを自分で自分に許す
ありのままの自分、素直な自分でいれば何事もうまくいく
素直な自分でいれば疲れることもない
気負ったり取り繕ったりする必要もない
そういう自分を受け入れ許すことがとても大事』

鎧を着なくても、本来私たちは素の自分で宇宙から愛されている存在です。

ありのままの自分で生きていくことを、素の自分でも愛されることを、自分に許可してあげましょう。

本当の自分を出して生きていかなければ、本当の安らぎは得られません。

今までは、場を乱さないために、取り繕ったり、無理をして本当の自分を出さないようにされてきた方もいらっしゃるかもしれません。でも、自分を押し込めて無理するのは、もう終わりにしましょう。鎧を脱いでいくことで軽やかになり、自分の意識も拡大していきます。それに、誰に対しても取り繕ったりしなくなるので、心も身体も軽やかになっていくのです。

逆に、**鎧を着ているのは、本当の自分ではない〝自分〟を演じているということ。**演じている自分を誰かから好きになってもらっても、本当のあなたじゃないから嬉しくないですよね。あなたのことを本当に好きな恋人や友人は、「ありのままのあなたでいいよ」と受け入れてくれる人のはずです。

あなたが相手に合わせていて、都合がいいからあなたのことを好きというのは、残念ながら本当の恋人、友人とはいえないでしょう。

人に合わせるのが当たり前になっていると、相手が望むいい人を演じることをそつなくこなせるかもしれません。

でも、本来あなたは、相手の期待に応えるために生まれてきたのではありません。

自分の人生を生きるために、生まれてきたのです。

だからこそ、鎧を脱いで、ありのままの自分を表現して生きていきましょう。

それこそが、「自分を生きる」ということなのですから。

勇気を出して、少しずつでもいい人になるのをやめてみる。

少しずつでも、みんなに好かれようとするのをやめてみる。

そんな意識へと変えていくところから始めましょう。

これからの時代は、より本質に敏感になっていくので、ウソや取り繕いは通用しなくなっていきます。だからこそ、聖フランチェスコの言葉通り、鎧を脱いでありのままの自分、素直な自分でいることで、すべてがうまくいき始めるのです。

ありのままの自分でいればいるほど、本来の自分の可能性が開き、自信に溢れた自然体のあなたのままで生きていけるようになるでしょう。

ありのままの自分でいることを許そう

心の鎧を脱ぐことで本来の自分らしく生きていきたい！　と思っていても、なかなか難しい、すぐには変えられない……と思うかもしれません。
その原因は、心の奥底に「今の自分のままでＯＫ」という許可が出せていないからかもしれません。聖フランチェスコは、このように伝えてくれています。

『**素の自分、今の自分で愛されることを自分に許す**』

この言葉を聞いて、あなたはどう感じますか？　そのままの自分で愛されていいいんだ、と自分に許可を出せていますか？　たとえば「素の自分を出したら嫌われる」「○○ができていない自分が許せない」と思うことはあるでしょうか。
そもそも、自分らしく生きていい、と自分に許可が出せていますか？　本当の自分を出して生きることを許可できない背景には、「私なんて……」という思いが潜んでいます。その思いがあると素の自分を隠すために、鎧を着込んでしまうのです。

私たちはすべてのことにおいて、自分が許可した分しか、受け取ることができません。

たとえ周りから愛されているとしても、自分が愛されることを許せていないとしたら、その愛を受け取ることはできないのです。

たとえば、周りの人から「そのお洋服素敵ね」と褒めてもらった時、あなたはどんな反応をしますか？「いやいや、そんなことないです」「これ、安かったんですよ」と、自分を落としてしまったりしていませんか？　日本には、謙遜こそ美徳とする文化がありますが、謙遜することと自分を卑下することは、全く違います。

もし、ありのままの自分で愛されていることを許せていなかったり、自分の価値を認められていなかったりする場合は、褒めてもらっても自分をみずから落とすような言動をしてしまうのです。それでは、相手の厚意を受け取れないばかりか、自分から跳ね返してしまうことになります。

逆に、今の自分で愛されることを許可できていたら、褒められたことを素直に受け取って、相手に「ありがとう！」と笑顔を返すことができますし、そのほうがお互いに心地いいですよね。ですから、自分が愛されることを許す、許可することは大切なことなのです。

まずは本当の自分を隠している鎧を脱ぐことを自分に許可しましょう。
重たい鎧から解放されて自由に生きることを自分に許しましょう。
あなたに許可を出せるのは、あなたしかいません。
親や家族、上司など、周りの人が許可できるわけではないのです。
ありのままの自分で生きていいんだ、と自分自身に許可をしていきましょう。
自分の人生をあなたらしく生きることに許可を出せるのは、あなただけなのですから。

【work】

～本当の自分を出すことを邪魔しているものを「紫色の光のシャワー」で洗い流そう～

宇宙から降り注ぐ「紫色の光」には、浄化の作用、そして許しのエネルギーがあります。

宇宙から降り注ぐ「紫色の光のシャワー」で、
・ありのままの自分を出すことを邪魔している「私なんて」という思い
・本当の自分を出すことへの「恐怖」などネガティブな重い感情
・「〇〇はこうあるべき、ねばならない」という固定観念
・自分に対して許せていない思いなど
浄化し洗い流して、ありのままの自分を出すことを許していきましょう。

1 黒い塊をした「私なんて」とういう思いや、恐怖や不安などの重たい感情などが身体にあると感じてみましょう。

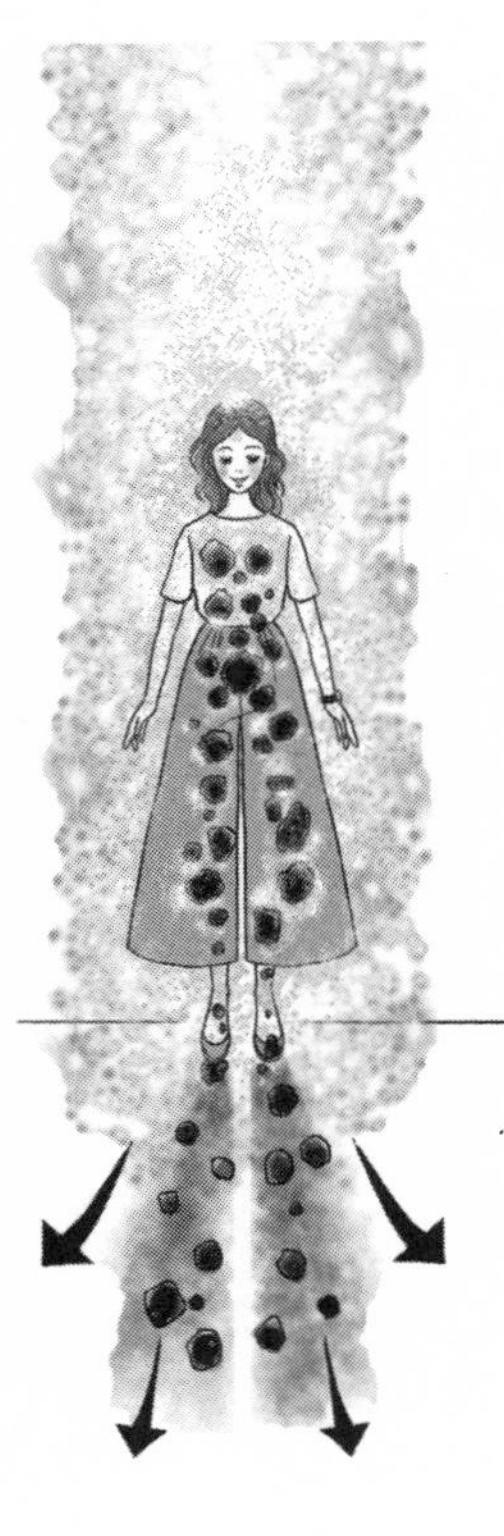

2 宇宙から、キラキラした紫色の光のシャワーが、自分に向かってワーッと降り注いでくるのをイメージします。

3 黒い塊を、紫色の光のシャワーがからめとって、身体を通って足裏からぬけていくのをイメージします。

4 そして、光のシャワーを浴びながら、「ありのままの自分を出していいんだ」と自分に許可を出しながら、光のシャワーを、頭から身体全体に通し続けます。

5 スッキリしたなと感じたらそれでOKです。できたら毎日続けて実践してみましょう。

※この紫色の光のシャワーは、日頃、不安になったりイライラしたり、ネガティブな感情が湧いてきた時にいつでも使えます。
心地よくない感情がでてきたら、どんな時でも洗い流すことで自分のエネルギーをクリアにすることができます。

第2章

世の中はすべて映し鏡

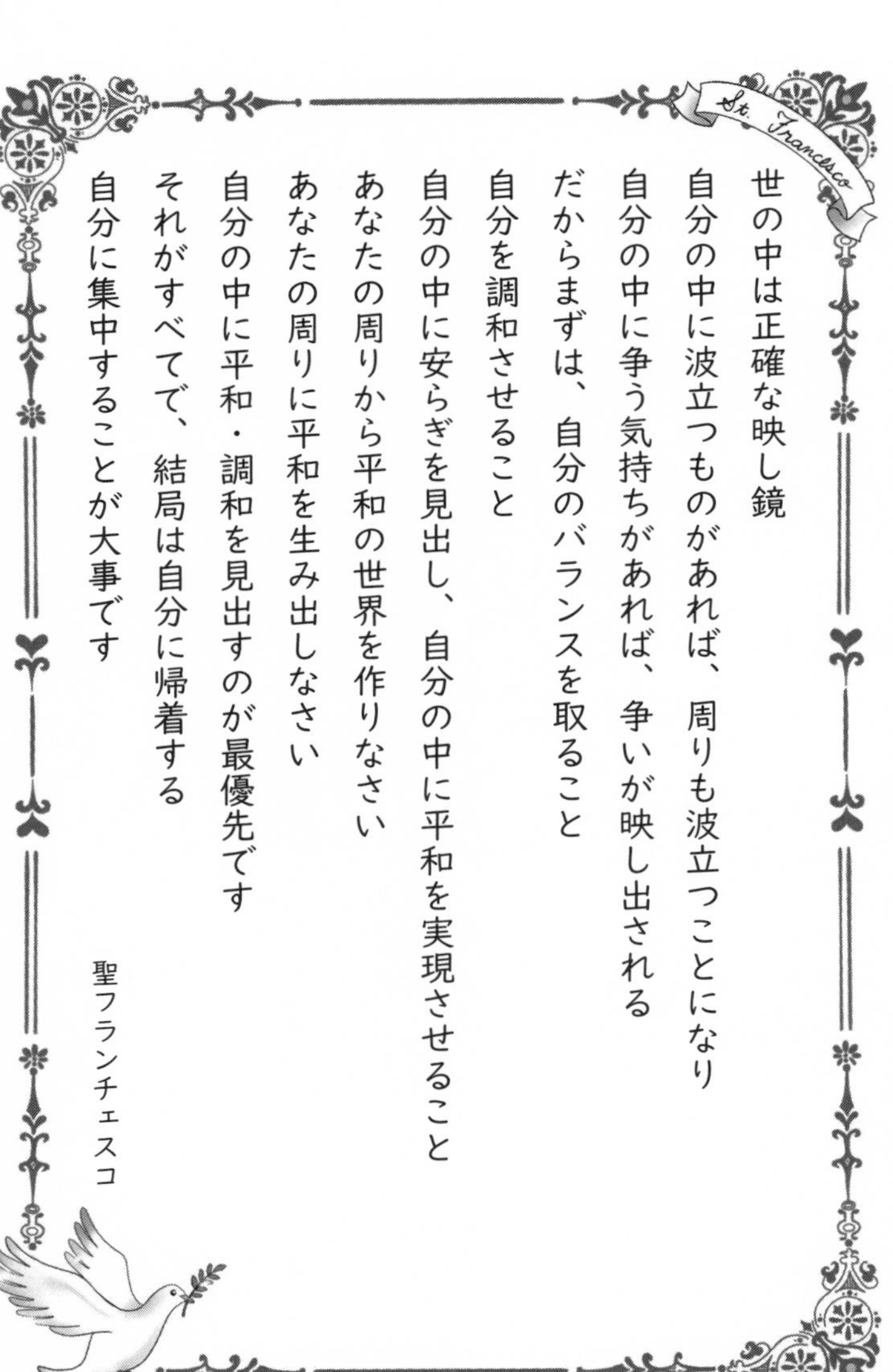

世の中は正確な映し鏡
自分の中に波立つものがあれば、周りも波立つことになり
自分の中に争う気持ちがあれば、争いが映し出される
だからまずは、自分のバランスを取ること
自分を調和させること
自分の中に安らぎを見出し、自分の中に平和を実現させること
あなたの周りから平和の世界を作りなさい
あなたの周りに平和を生み出しなさい
自分の中に平和・調和を見出すのが最優先です
それがすべてで、結局は自分に帰着する
自分に集中することが大事です

聖フランチェスコ

映し鏡って？

私たちが心の鎧を脱いでいくことで、目の前に現れる現実、体験する出来事も大きく変わってきます。聖フランチェスコもこのようなメッセージを伝えてくれています。

『世の中は正確な映し鏡
自分の中に波立つものがあれば、周りも波立つことになり
自分の中に争う気持ちがあれば、争いが映し出される』

これは、目の前の現実はすべて自分の心の奥底、内側にある思いが映し出されている、という意味なのです。聞いたことはあるけれど、実感できない……。こんなつらい現実、自分で映し出しているわけない……。そう思われるかもしれませんね。

私も、〝この世のしくみ〟をわかっていなかった時は、「自分の内側にある思いが現実を創っているなんて、そんなはずない！」と思っていました。

しかし、この世のしくみのからくりがストンと腑に落ちて、自分の意識を変えるようにしていったら、徐々に体験する現実が変わっていったのです。

聖フランチェスコの伝えてくれている、**「世の中は正確な映し鏡」**を簡単に言うと、たとえば「不安」や「恐怖」という思いが自分の内側にあるとします。すると、それを現実として目の前に映し出し、実際に不安な出来事や怖い出来事を体験するということなのです。実際、私はこんな体験をしました。

海外に行った時の出来事です。深夜、コンビニエンスストアにお水を買いに行ったのですが、レジで並んでいた時にお店の人と、男性のお客さんが声を荒らげてモメ始めました。その時私は、「ちょっと嫌だな……怖いなぁ」と感じていました。しかしその店を出た後、一緒にいた友人に、「さっきちょっと怖かったね」と話しかけたところ、友人は「えっ、そう?」とキョトンとした表情。まるで何も感じていないようでした。

つまり、私と友人は同時に同じ出来事を見たはずなのに、体験した現実は全く異なっていたのです。

私は「恐怖」という思いを使って、その深夜のコンビニでの出来事を、実際に「怖い出来事」として体験しました。しかし、「恐怖」という思いがなかった友人にとっては、ただ店員さんとお客さんが口論していただけの出来事にすぎなかったのです。

目の前に起きる出来事は、本来、良いも悪いもなく、あくまでも中立なのです。

これが、「自分の内側にある思いが現実を創る」ということです。


もしあなたに「バカにされないように」という思いがあって「戦いの鎧」を着ていると、実際にバカにされてしまうような現実が映し出されてしまいます。もしくは、自分を偽って無理をしていたら、無理をしないといけないような現実が目の前に現れてしまいます。

聖フランチェスコの言う「世の中は正確な映し鏡」というのは、この世のしくみの真髄をついた言葉といえるでしょう。


たとえば職場や周りに「優柔不断で、見ているとイライラする！」という人が現れたとします。その人に対して、過剰に反応してしまう場合は、同じことでなくても、自分も何か先送りにしてしまっている優柔不断なところがあるかもしれません。

自分が認めたくない嫌な部分がどこかに潜んでいるからこそ、その人に対して過剰に反応してしまうのです。

現実を創るしくみと周波数

では、ここから「現実を創るしくみ」の本題に入ります。

皆さんも、「波動」や「周波数」という言葉を、最近よく耳にされる機会が増えているのではないでしょうか？　周波数とは1秒間に波が何回繰り返すかを表しています。その単位はHz（ヘルツ）です。ラジオ局の周波数で聞き馴染みがありますよね。量子力学の世界でも、この「波動、周波数、エネルギー」というワードなしでは、この世の成り立ちの説明ができなくなっています。

まずは、現実を創るしくみは何からできているのか？　ということからお話ししましょう。

この地球にあるすべての物質・生命は、固有の周波数（エネルギー）を発しており、「素粒子」からできています。つまり、**この世のすべてのものはエネルギーでできているのです**。誰にとっても日常で身近なものであり、私が日頃、仕事として携わっている「音」や「色」もエネルギーであり、固有の周波数があります。音と色については、この第2章で後ほどお伝えしますね。

では、私たち人間の身体を例に見てみましょう。私たちの身体は、皮膚や筋肉、骨、血液といったさまざまなもので構成されていますね。人間の身体は約60兆個もの細胞からできているといわれています。この「細胞」をさらに細かく見ていくと、分子、原子となり、さらに分解して、もうこれ以上は細かくならないという最小単位が「素粒子」です。

この「素粒子」は、私たちの目では見えませんが、ものすごい速さで常に

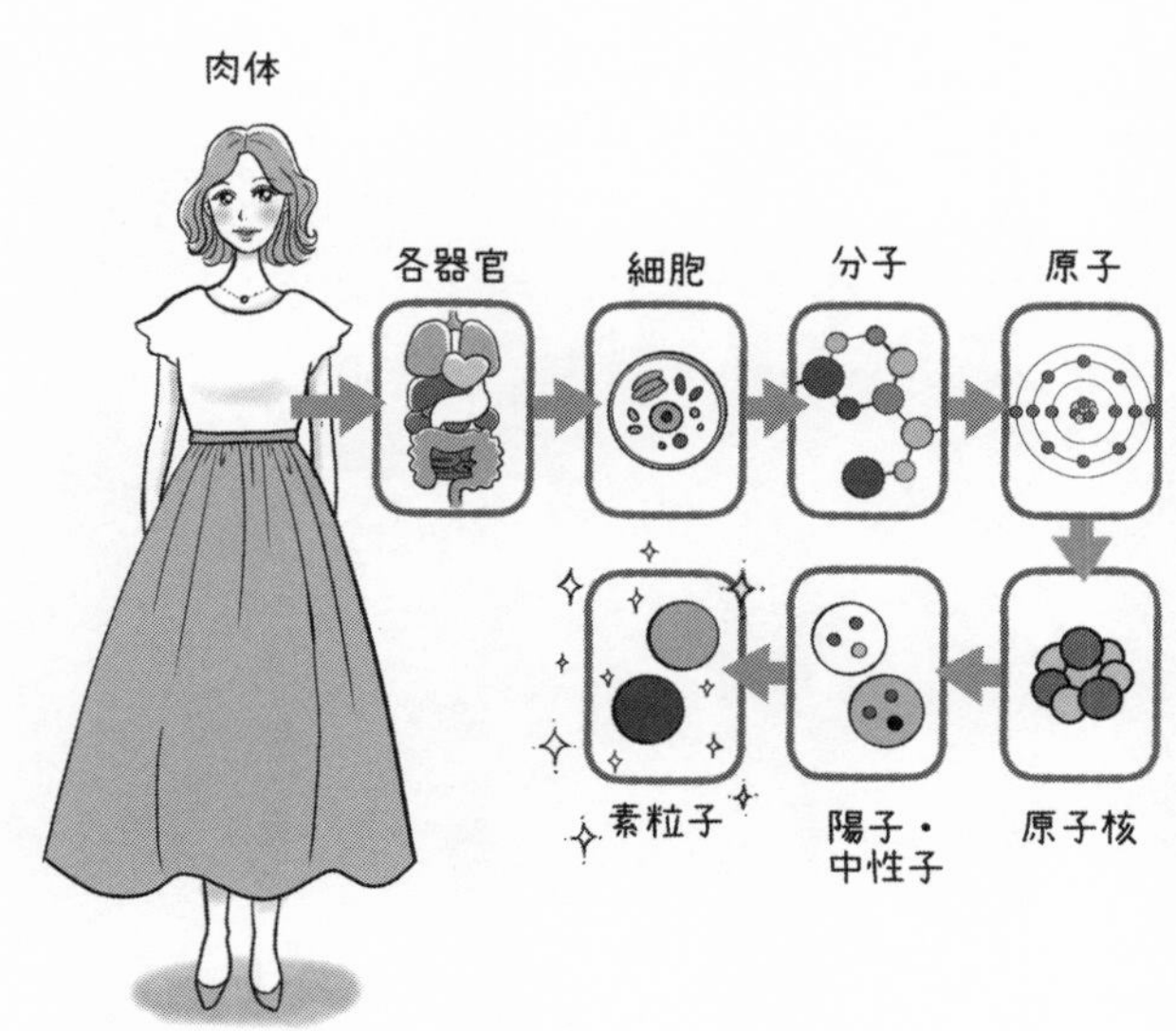

振動しています。人の身体だけではなく、地球上の存在するあらゆるもの、たとえば動物、石や宝石などの鉱物、植物、机や椅子などの物質も、すべて素粒子で構成されています。

それだけでなく、感情や思考、意識など、目でとらえられないものもすべて、素粒子で構成されていて振動しています。この素粒子が振動することで、波の動きが生まれます。それが、「波動」であり、「周波数」であり「エネルギー」です。

厳密には異なりますが、本書では「波動」「周波数」「エネルギー」は同義語ととらえることができるとしてお話を進めていきますね。

なかなか信じがたいですが、私たちの身体も、この世に存在するすべてのものは、ものすごく細かいツブツブの「素粒子」が集まってできていて、常に振動し、固有の「周波数」を放っています。素粒子は粒であり、波でもあり、私たちが意識を向けたときに結晶化するという性質も持っています。

波であるということは、常に振動していて「周波数」があり、そこには「情報」を載せることができるという特徴があります。

たとえば、テレビやラジオは、電波に「情報」を載せて、放送局ごとの周波数で放送を流していますよね。

電波は目では見えませんが、映像や音といった情報を運んでいます。テレビで映像を観たり、ラジオを聴いたり、携帯電話で話ができるのは、電波の働きによるものです。

また、私たちの感情や意識も、目には見えなくても素粒子からできています。先程の電波と同じように波の特徴を持つので、もしイライラの感情を放つと、そのイライラが周りに届くのです。

たとえば、オフィスや家庭でも、ドアを開けた瞬間に、空気が重く感じられたり、ピリピリしている雰囲気を感じたことはありませんか？

それはその場にいる人たちが、会話をしていなくても、怒りやイライラの周波数を放っているから。目には見えていなくても、イライラの周波数が飛び交っていて、それをあなたが部屋に入った瞬間に感じ取っているのです。

物質も目に見えない感情も、この世界にあるすべてのものは素粒子からできていて、固有の周波数で振動しているということは、たとえ大量生産された同じ見た目のものであっても、同じ周波数を発しているものはないということです。

たとえば、あなたが神社に参拝した時に、御守りを買ったとしましょう。

見た目も色も同じ「縁結び御守り」でも、一つひとつの御守りが発するエネルギーは異なります。せっかく買うのなら、あなたが放つ周波数に合った御守りがいいですよね？　「どれでも同じだし……」と手に取るのではなく、「自分に合うエネルギーの御守りはどれかな？」という感覚を意識して選ぶようにすると、あなたのエネルギーに合った御守りを手にすることができるでしょう。

なぜ意識するだけで、自分に合うエネルギー（周波数）を放つ御守りを選ぶことができるのかというと、周波数には「共振・共鳴の法則」があるからです。

それは、「同じ周波数を発するものは引き合う」ということ。

この周波数の特徴を、わかりやすく目に見える形で実験することができます。

「音叉（おんさ）」という器具をご存じでしょうか？

「音」のセラピーをする際、私が使っているも

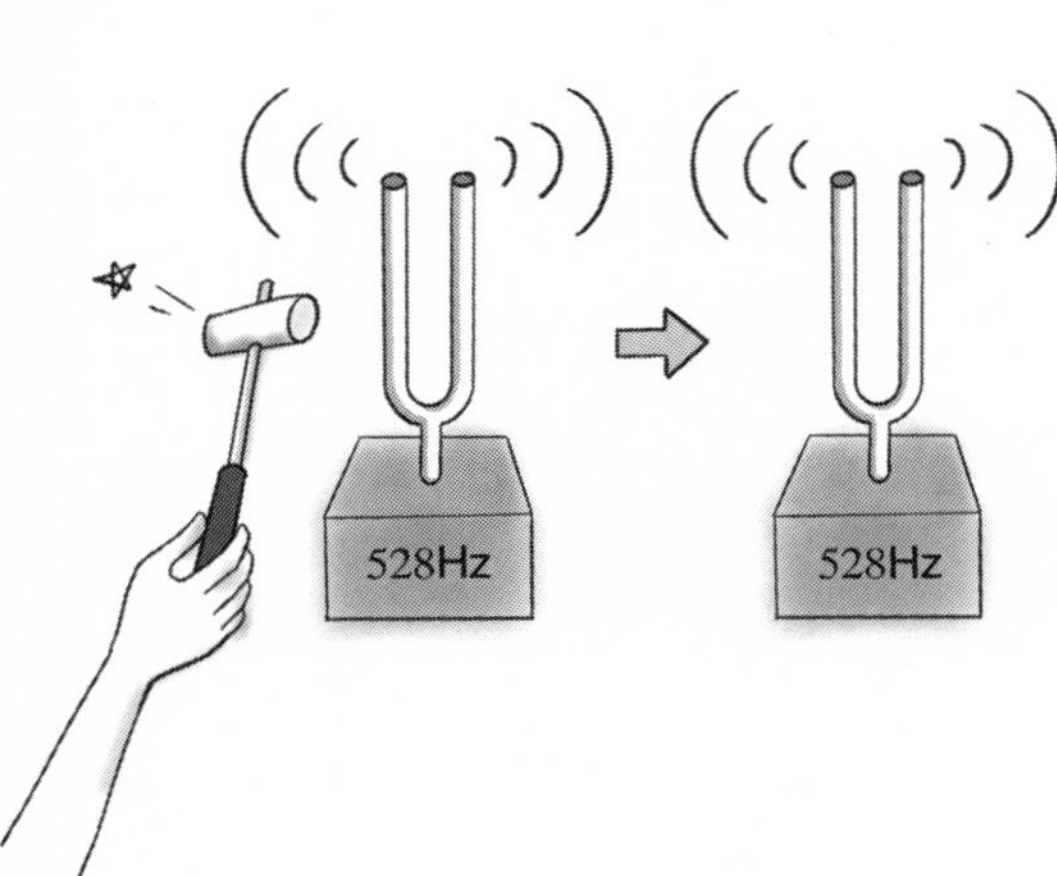

のですが、叩くと固有の周波数を発する、U字型の金属製の器具です。

もともとは、楽器を調律するために作られたもので、周波数ごとに何種類もの音叉があります。同じ周波数の共鳴箱付き音叉を2本並べて片方を鳴らすと、空気の振動が伝わり、もう片方の音叉が共鳴して鳴り始めます。これが、周波数の「共振共鳴現象」です。

この現象を、私たち人間の周波数にも当てはめて考えることができます。

たとえば、「気分が落ち込んでいてあまり元気がなかった時、すごく元気いっぱいな友人に会ったら、自分まで元気になって心が軽くなった」なんて経験はありませんか？

逆に「いつも人の悪口を言っていたり、ネガティブな発言ばかりしたりする人と一緒にいたら、自分までなんだか疲れてしまって、マイナス思考になってしまった」ということもあるかもしれません。

なぜそうなるのかというと、私たち人間も周波数を発しているので、共振・共鳴の法則が働いているからです。人それぞれの固有の周波数はもちろんですが、その時の気分や感情によっても放つ周波数が変わります。そうすると、目の前にいる相手が放っている感情の周波数に共振して、自分まで同じような感情になってしまうことがあるのです。

感情にも周波数がある

先述しましたが、感情や意識も素粒子でできている。ということは、感情や意識にも、それぞれ固有の周波数があります。

不安には不安という周波数、嬉しいという感情には嬉しいという周波数があります。それらの感情や意識は、「フォトン（光子）」と呼ばれる、より細かい素粒子でできています。もし自分の内側で「怖い」と思っていると、「怖い」という感情のフォトンが、あなたから放たれます。すると、共振・共鳴の法則に基づいて、「怖い」という同じ周波数の出来事を共振して呼び寄せることになります。

これこそが、「引き寄せ」や「類は友を呼ぶ」ということです。

現実で起こる出来事というのは、あくまでも中立です。その出来事に対して、あなたが、怖いという感情・周波数を使うと「恐ろしい出来事」になり、嬉しいという感情・周波数を使うと「嬉しい出来事」として体感しているだけなのです。

感情という周波数は、「色眼鏡」や「カメラのフィルター」のようにイメージするとわかりやすいかもしれません。その先に映し出されている出来事を「悲しい」という色眼鏡またはフィルター越しに見ると、悲しい出来事として体験します。「嬉しい」という色眼鏡またはフィルター越しに見ると、嬉しい出来事になるのです。

自分の意識・感情がフォトンとして放たれることによって、それに共振した出来事や人を呼び寄せます。繰り返しになりますが、あくまでも現実で起こる出来事は中立で、本当は良いも悪いもないのです。

もしあなたが「恐ろしい」という周波数にフォーカスしているなら、それに共振した出来事や人の「恐ろしい」側面が、あなたの現実として目の前に映し出されるのです。

ある日、カフェでこんな会話を耳にしました。隣の席に座っていた女子高生グループから、「もぉ、最悪〜！」という悲愴な声が聞こえてきます。どうやら、その声の主である一人の女の子に、何か良くないトラブルが起こったようでした。「あ〜やっぱり……。今日の占い最下位だったからだ……」と、落ち込んだ様子で話しています。

この時の、彼女の「やっぱり……」という言葉から察するに、占いを見て「私は今日、運勢が悪いんだ。悪いことが起きたら嫌だな」という思いが彼女の中にあったので、実際に嫌な出来事を呼び寄せてしまったのでしょう。この女子高生の例からもわかるように、私たちは自分が何を意識し、どこにフォーカスしているのか？　どんな周波数を使っているのか？　ということが重要なのです。

このように聞くと、うまくいかない出来事や、嫌な出来事があると、全部自分のせいなんだ、自分が悪いんだ、と思ってしまう方もいらっしゃるかもしれません。

しかし、そうではなく、自分の思いが現実を創っているのですから、自分の意識次第でどうにでも変えていける、と考えてみてほしいのです。

聖フランチェスコもこのように伝えてくれていましたよね。

『自分の中に波立つものがあれば、周りも波立つことになり
自分の中に争う気持ちがあれば、争いが映し出される
だからまずは、自分のバランスを取ること
自分を調和させること』

ですから、**ここで重要なことは、自分の内側から放たれる「感情・意識」が変わってしまえば、体験する現実も簡単に変わっていく**ということなのです。

だからこそ、常に自分の心のバランスを取り、自分の内側をポジティブかつ楽しい思いで調和させることが大切なのです。

放ったものが返ってくる宇宙の法則

宇宙には「自分が放ったものは良くも悪くも自分に返ってくる」という法則があります。簡単に言うと、人に優しくすると、優しさが返ってきます。逆に、人に意地悪をすると、いつしか意地悪されるようなことが返ってきます。

つまり、あなたが放っている感情・思考・概念が自分のもとへ返ってきて、現実として体験することになるのです。宇宙は良いも悪いもないので、放ったものをそのままあなたに返してくれるのです。

私の実体験になりますが、かつての私は、「自分が放ったものは良くも悪くも自分に返ってくる」という宇宙の法則を知りませんでした。

加えて、無価値感や「こうすべき」など、さまざまな観念に囚われて固い鎧を着ていたので、自分の気持ちを人に対してあまり表現できませんでした。

その頃の私はさまざまな葛藤を抱えていたので、自分がどうしたいのか、本心がわからなくなっていました。自分の気持ちをちゃんと周りに表現していないのに、心の底ではこのつらい気持ちを周りの人に気づいてほしいと思っていたのです。しかし、見た目だけは元気そうに見えていたのか、「肌が綺麗ね」「元気そうね」と言われていました。それに対して、さらに悶々とした気持ちを膨らませていたのです。

今思うと誰のせいでもないのに、勝手に悲劇のヒロインになっていたんですね。

そんなある日、鏡を見ながら、「見た目が大変そうな印象になったら、周りの人も私の気持ちをわかってくれるかな……」と、そんな思いがよぎりました。

すると、しばらくしたら、痛々しいほどの吹き出物のひどい肌荒れになってしまい、長年悩まされることになったのです。その時は、今までそんな経験がなかったので、「何でだろう？」と不思議に思っていたのですが、ふと思い出しました。

「そういえば！　この前、そうなればいいのに……と願いを放ってしまった！」と。

この時、私は痛感したのです。心と身体は繋がっていると同時に、自分の放った思いが良くも悪くも、返ってくることを。

宇宙の法則は、ちゃんと平等に働いているわけですね。当時の私はネガティブな周波数を自覚がないまま放っていたため、実際にネガティブな出来事を体験してしまいました。

繰り返しになりますが、喜びや感謝といったポジティブな周波数を放てばポジティブなことを体験し、不安や恐れなどのネガティブな周波数を放てば、ネガティブなことを呼び寄せてしまいます。

ここでのポイントは放った思いが返ってくるまでに、時間差が生じる場合もあるのです。その時にいい気分でいたとしても、「えっ!?」と思うようなことを体験した時は、過去に放ったものが返ってきているのです。だからこそ、日々どんな感情で過ごしているのか、どんな思いを放っているのかが大切なのです。これは、宇宙の法則なので、誰にも例外なく当てはまります。

仮に、顔が見えないからといってSNSなどで、誹謗中傷を書き込むとどうなるでしょう。あなたが他人に放ったネガティブなエネルギーも、あなたにいつか必ず返ってきます。

誰かに対して必要以上に攻撃的に批判してしまうのは、自分ができないことをしている人に対する嫉妬心からだったり、自分の見たくないところや、自分の嫌なところをその人に投影したりしているからなのです。

もし、相手を攻撃したくなるほどの嫌な面を自分自身が持っていなければ、共振する周波数がないので、その人がどう振舞おうと気になりません。

聖フランチェスコも教えてくれていましたね。

『自分の中に平和・調和を見出すのが最優先です
それがすべてで、結局は自分に帰着する
自分に集中することが大事です』

すべては自分に返ってくる。だからこそ、人のことを批判するのではなく、まずは自分の中を調和させること。

放ったものが結局は自分が体験する現実になるわけですから、自分がどんな周波数を放っているのかを意識することが大切なのです。

「ない」意識は「ない」現実を呼ぶ

自分が発した周波数は自分のところに返ってくるという宇宙の法則を当てはめると、「ない」という不足の意識を持っていると、実際に「ない」という現実を体験するということになりますよね。皆さんには、こんなことはありませんか？

「ストックがないと不安」「〇〇がないと不安だから目にすると、ついつい多めに買ってしまう」

備蓄が悪いわけではありませんが、ものを買う時に大切なのはどんな意識で購入するか、です。もし、「ないと不安」という意識から買っているのであれば、それは「ない」に意識を向けているので「ない」現実を呼んでしまいます。私自身、以前はものをなかなか捨てられませんでした。「いつか使うかも……」と可愛い紙袋をたくさん取っておいたり、着る服は限られているのに「いつか着るかも……」「これ高かったしな……」となかなか捨てられず、いつもクローゼットはパンパンでした。

なぜかというと、「ない」意識を使って不足感にフォーカスしていたので、ものがたくさんあっても不足感から手放すことができず、ため込んでしまっていたのです。要は、不安や不足感を、もので埋めようとしていたのです。

もので不足感を埋めようとしても、それは一時的なもの。本質の幸福感に至ることはありません。それに、不足の意識を使っていたら、いくらものやお金があっても、常に不足や不安からは脱却できません。

結局、「ない」という不足の意識を使っていては、残念ながら心も現実も満たされることはないのです。

ものをため込んでしまったり、捨てられなかったりするのは、「必要な時に必要なものがない」と宇宙に宣言しているのと一緒です。

すると、本当に必要な時に必要なものがない状態を招いてしまいます。

本来、私たちは豊かで満ち足りている存在です。

大切なのは、**「ない」自分に意識を向けるのではなく、「ある」自分に意識を向けること。**私自身、**「自分が必要としている時に、必要なものが手に入る自分になる」**と決め、意識を切り替えたことで、必要以上にものを所持しなくなり、不足感も薄らいでいきました。

ですから、「ある」「満ちている」という周波数を放っていたら、「満ちている」体験がもたらされるようになるのです。

第2章のはじめで、すべてはエネルギーであるとお伝えしましたが、例外なくお金もエネルギーです。あなたは支払いをする時、どんな気持ちでお金を払っていますか？　携帯代や光熱費など、毎月支払わなければならない料金だったり、または洋服などを買う時はどうでしょう。「またお金が減っちゃう……」「またお金が出ていくな……」という不足の意識を使ってはいませんか？

もしお金を支払う時に不足の意識を使っていたら、先程もお伝えしたように不足感からは脱却できません。実際に不足を感じる現実を体験することになってしまいます。

では、どんな意識で支払うとよいのでしょうか？　お金がないと思っていても、実際に今、その金額を支払える現状があるわけですよね。であるのなら、「支払える」という「現状の豊かさ」に意識を向けてみましょう。

今「ある」現状、ものに意識を向けると、自分の内側が「ある」の周波数で満ちてきます。すると、そのあなたの満ちた周波数が放たれることで、〝満ちた〟現実を体験するようになるのです。

ですから、もし「ない」に意識が向いていると思うのであれば、日々の生活の中で、今「ある」ものに目を向けてみましょう。

便利な生活に欠かせない電気があること、雨風をしのげる家があること、暖かい布団で寝られること、身体の芯まで温まるお風呂に入れること、美味しい食事ができること、話を聞いてくれる友達がいること、など……挙げたらきりがないほど、日常生活において、幸せな「ある」がたくさん溢れていますよね。

当たり前に思えていたことでも、「ある」に改めて意識を向けると、感謝の気持ちが湧いてきませんか。

自分の意識を「ある」という感謝の周波数で満たして、その「ある」幸せを感じて、満ちた現実を体験していきましょう。

まずはどうなりたいかを決めよう

聖フランチェスコの言葉にあるように、「世の中は正確な映し鏡」であり、「現実は自分が創っている」ということでしたよね。自分の意識が変わり、心の鎧を脱いでいくと体験する現実が変わってきますが、意識を変えるために大切なステップがあります。

それはまず、自分がどうなりたいかを「決める」ことです。

私の場合は、まずは好きなことを仕事にする！　セラピストになる！　自由に楽しく過ごす！　好きな旅行も仕事にする！　と決めました。以前の私は、自分には特別なスキルもないし、「ない」「できない」の意識を使っていたので、行動する前に無理かなと諦めてしまうこともありました。

しかし、自分の意識が現実を創っていることを知り、勉強を始めたばかりでしたが、なりたい自分になれるようにまずは決意をしました。

当時は離婚をしたばかりで、仕事もゼロからのスタート。お金もあまりない時でした。そんな時、街を歩いていたら、とても素敵なハイヒールが私の目に飛び込んできました。白地にブルーとイエローのラインが入った、とってもおしゃれな靴で、「おしゃれだな……すごく欲しい！」と思ったのですが、値段が1万5000円と、当時の私にとっては高額でした。「白だとすぐ汚れるし、普段あまり履かないかな……。もっと日常的に履ける靴のほうがいいかな……」と、一瞬、買うことを躊躇しました。それまでの私だったら、そのまま諦めていたかもしれません。

しかし、新たな自分へ向けて、「欲しいものを欲しい時に買える自分になる！」と、決意の気持ちを込めて、ワクワクしながらその靴を買うことにしたのです。ものにもエネルギーがありますから、実際その靴を履くと気分も引き上がる感覚になり、その靴を履くたびに、「自分の望む素敵な女性になる！」と思い直すことができました。あの時、自分に宣言した感覚は今でもよく覚えています。私にとってその靴は、自分の意識を「できない」から「できる」に変えた決意表明だったのです。

この実体験から私が自信をもって言えることは、**何をするにしても、自分の意識が先。現実は後からついてくるもの**です。

自分がどうなりたいのか、どんな人になりたいのか。自分の目指す行先を決めることが、まずは大切です。「難しい」「できない」「どうすればいいかわからない」ではなく、自分の望む行先に、まずは意識をチューニングしていきましょう。

できる・できないではなく、まずはどんな自分になりたいかを決めると、自分の周波数も変わり、結果として現実にも反映されます。

決めることで意識が変わり、周波数が変わり、現実が変わるのです。だからこそ、まずは自分の内側の意識を変えていきましょう。

「それは知っている。私はすでに決めたのに、でも全然、現実として形になっていない」そんな思いが頭をよぎった方もいらっしゃるかもしれませんね。

実は、決める時に大切なポイントがあります。それは、決める時にあなたがどんな感情でその思いを放っているか、です。

人間の意識は、「顕在意識」と「潜在意識」に分けられます。顕在意識は、自分が認識できている意識です。たとえば、「今日は何を食べようかな」「何を着ようかな」

と、口に出して表現できる意識のこと。

一方の潜在意識は、自分で認識できていない意識（無意識）です。

顕在意識と潜在意識はよく氷山にたとえられます。海面に出ている顕在意識が約1割で、海中に沈んでいる潜在意識が約9割といわれています。

まず何かしたいと思ったら、「決める」ことで、約9割を占めている潜在意識に働きかけることができます。潜在意識には、そのままを形にしようという働きがあるのです。たとえば、フランスに行きたかったら、まずはフランスに行くと決める！

休みが取れないし……、お金がないし……などと、**できないのほうに意識を向けるのではなく、「行く！」と決める。**

そうすると、潜在意識に浸透していきます。結果として、フランスに行くという決意した意識が、そのまま現実になるように働きかけることで顕在化するのです。

だからこそ、まず決めることで道が開かれることになります。

潜在意識は宇宙と連動しています。宇宙には、自分が発信した周波数をそのまま返してくるという法則がありましたよね。

だから、まずは決める！　できるか・できないか？　どういう方法で？　どういうやり方で？　は後！

そのくらいの軽やかな意識でいると、スムーズに形になるものなのです。

私自身、行きたい国や場所がある時、お金や休みが整うかはさておき、先ずは行く！と決めて、部屋にその国の写真を貼っておきます。そして目に入るたびに「どんなところかな？」とワクワク想像しながら、その場所のエネルギーを感じるようにしています。結果、今まで写真を貼ってきた国には行くことができています。もし、あなたが行きたいと思う国や場所がある場合は、行くと決めて、写真を目につく所に貼ることもおすすめします。

逆に自分が「無理」と決めたらどうなるでしょう。やはり、「無理」という現実が現れてしまいます。**「無理」と最初から決めつけるのは、「できる可能性」を打ち消してしまうことになるのです。**

決めたとしても、その時、心の底で「とはいっても、無理だろうな……」と思っていたら、「無理だろうな……」という心の底の思いが宇宙に発信されています。

先ほどの「フランスに行きたい」という例で言うと、「フランスに行く！」と決めて、それが叶ったらどんな気分になりますか？

きっと「嬉しい・楽しい・ウキウキ・ワクワク」を感じますよね。

だから、「フランスに行く！」と決めるのは、願いが叶った時と同じ感情のウキウキした楽しい気分の時に決めることがポイントなのです。

つまり、心の底で無理だろうな……を使っていたら、願いが叶った時の嬉しい感情と、あなたの感情が乖離しているので、願いがなかなか叶いづらいのです。

大切なのは、いかにあなたが、**願いが叶った時と同じような嬉しい気持ちで、その願いを発信しているかどうか**です。

なので、友達と過ごして気分が上がっている時や、遊園地などに行って思いきり楽しんでいる時、自然の中でリラックスして気分よく自分が満ちている時に、「〇〇する！」「こうなる！」と〝決めて〟思いを放つようにすると、願いが叶った時の嬉しい感情とチャンネルが合って、叶えやすくなるのです。

外側（他人）に向けていた意識を、内側（自分）に向けよう

ここまでの話を纏（まと）めてみましょう。この宇宙の現実創造のしくみは、自分の内側の思い・意識が反映されているということでしたね。だからこそ、**人のことを気にして**

人をどうにかするより、自分の内側の意識を変えて、周波数を変えていくことに集中したほうが、自分の望む現実を体験することができます。

私たちが心の鎧を着けている時、自分の意識のベクトルは、周りや他人という「外側」に向かっています。もし「今のままでは生きにくい」「つらい、嫌だ」と思い、環境や付き合う人という「外側」を変えたとしても、**意識が外側に向いたままで自分の「内側」の意識を変えなかったら、結局、場所や人を変えてまた同じような現実を体験し続けることになってしまいます。**

なので、自分の意識を「内側」に向けて、自分の意識が変わるように自分に集中することが大切です。自分が満ち足りていない時こそ人のことが気になって、外に意識が向いてしまいがちになります。まずは、自分を自分で満たして、心地よい周波数にしましょう。

それには、自然が好きな方は、海や山のエネルギーに触れたり、公園の芝生を裸足で歩いてみたり。芸術が好きな方は、音楽を聴いたり、映画やアートを鑑賞する時間を意識的に増やしたり。また、好きな香りを使ったり、マッサージやエステ、友達と楽しい食事をしたり……など、自分で自分の好きなことを使って気持ちを楽しくするようにしましょう。

ここでのポイントは、「自然や音楽やアロマなどを自分が使って、自分で楽しくしている」という意識が大切です。

あくまでも、**「自分を幸せにできる力」はあなたにあるのです。あなたが主導権を握って、好きなことやものをツールとして使って、自分で自分を楽しませてあげましょう。**

「これがないとダメ……この人がいないと楽しめない」となってしまうのは、依存や執着になってしまいます。

自分に意識を向けて、自分の好きな方法で自分を満たすことで、周りや他人という外側が気にならなくなります。内側に意識が向くことで、鎧はいらなかったんだなと気づくことができますし、重たい鎧を一枚ずつ脱いでいくことで、自然と意識が変わっていきます。その結果として、体験する現実も変わってくるでしょう。

現実を創っているのはあなた自身です。ですから、自分の意識を変えて、放つ周波数を変えることで、望む現実を創り出すことができます。

ここからは、皆さんにとっても日常的な「音」と「色」を使って、自分の意識を変えて、放つ周波数を整えるお話をさせていただきます。

「音」を使って自分の周波数を変えよう

私たちが暮らす日常では、常に何かしらの「音」に触れて過ごしていますよね。鳥の鳴き声や車の通り過ぎる音、エアコンなど家電製品が発する音……。

不意にテレビや街から流れてくる音楽を耳にすると、気持ちが楽しくなったり、心が穏やかになったり、逆に不安や苛立ちを感じたりすることはありませんか？

ＣＭに使われている音楽や店舗のＢＧＭにも、購買意欲を掻き立てる音が使われていたり、日常の中で何気なく聞こえてくる音に、私たちは無意識にも影響を受けています。

古代エジプトでは、音が治療に使われていたという記述が壁画などに残されており、昔から音の力が活用されていたことがうかがえます。音は私たちを癒やし、私たちの本来の力を引き出してくれるのです。

この世界に存在するすべてのものは振動していると、繰り返しお伝えしてきましたが、音も例外ではありません。私たちの耳に聞こえていないだけで、音は常に存在しています。

「音」とは振動です。空気などを介して、振動によってできる「波」です。

先程もお伝えしましたが、波が1秒間に振動する数が「周波数」です。その単位は「Hz（ヘルツ）」で、1秒間に波が100回振動している場合は、100Hzと表します。

周波数の数が大きければ音は高くなり、小さければ音は低くなります。ピアノの音を連想するとわかりやすいかもしれません。ピアノの一番低い音は、27・5Hz。一番高い音は、4186Hzで、高い音は1秒間に4186回も振動しているということになります。

この音の波、周波数は私たちの周囲にあらゆる波として漂っています。

振動を介するものがない「真空」では音は伝わりませんが、振動の波は空気や水、物体を介すことで音として伝わります。たとえば、隣の部屋から話し声やテレビの音など、壁伝いに聞こえることがありますよね。

そのように、私たちは振動によって聞こえている波を、「音」として認識していますが、実は、私たちの耳に聞こえていなくても、音は常にこの世界に存在しています。

「聞こえなくても音があるって、どういうこと？」そう疑問に感じるかもしれませんね。

人間にも動物にも「可聴域」があります。文字通り、音が聞こえる領域のことで、人間の可聴域は、個人差はありますが、約20Hz～２万Hzです。

よく、動物は耳がいいといわれますが、それは人間より広い可聴域を持っているので、人には聞こえない音が聞こえているのです。

この世界のすべてのものは周波数を持っていて振動しています。本来、すべてのものは音（エネルギー）を放っているのです。

そう考えると、私たちの周りは「音」で溢れているということがわかりますよね。

そして私たちは、聞こえていなかったとしても、無意識のうちに「音」の影響を受けているのです。

たとえば、ゆったりとしたクラシック音楽を聴くと、焦っていた気持ちが落ち着いて、自分の意識もゆったりしてリラックスしますよね。逆に、テンポの良い軽快な音楽を聴いたら、「やるぞ！」とヤル気が出るなんてこともあるかもしれません。

このように、自分の意識が音楽を聴くだけで変わるのは、その音楽の周波数に自分が共振したからです。なので音を取り入れることで、素早く簡単に自分の周波数を変えることもできるのです。

ところで、皆さんは普段、家にいる時、観ていなくてもテレビをつけっぱなしにしていることがあるでしょうか。仮に観たり聞いていなかったとしても、テレビから放たれる音は部屋中に響いていますよね。

その**音の振動は、耳からだけでなく皮膚からも体中に伝わっています。**もしテレビやラジオから不安や心配になるような情報が流れていたら、その不安や心配の音（エネルギー）は無意識のうちに私たちの身体にも響いています。

それにより、**自分では意識していなかったとしても、不安や心配のエネルギーの周波数に知らず知らずのうちに、共振してしまうこともあるのです。**

だからこそ、**自分が軽やかに心地よく過ごすためには、**日々触れる音も「なんとなく」**ではなく、意識的に取り入れたり、不要な音は消して取り入れないという選択が大事**になってくるのです。自分が心地よくなるように、音を意識的に選ぶようにしましょう。

特に好きな音楽がなければ、川のせせらぎや海の波の音など、自然の音がおすすめです。

自然の音には1／fのゆらぎがあります。私たち人間の心拍や脈は、波の音など自然界のリズムと同様、早くなったり遅くなったり一定ではありませんよね。

だから身体の脈と同じリズムの自然のゆらぎの音を聴くことで、神経がゆるみリラックス効果に繋がります。バスで旅行をした時など、突然、睡魔に襲われたり、なぜだか乗り物に乗っている時のほうが深〜くよく眠れる……という経験はありませんか？　実は音だけでなく、電車やバス、車の揺れも、１／ｆのゆらぎです。

自然界の音としては、海の波の音、川のせせらぎ、木々がこすれ合う音、雨の音、鳥のさえずり、虫の鳴く声、焚き火の炎の音などが挙げられます。

部屋に自然の音をかけ流しておくだけでも十分にリラックス効果があり、周波数を整えることができますよ。

自分の言葉は自分に一番響いている

私たちの日常にはたくさんの音が溢れていますが、外部からの音の影響だけでなく、最も自分自身に響いている音があります。それは、自分が放つ声、「言葉」です。

「言霊」という言葉がありますが、文字通り言葉には霊、つまりエネルギーが宿っています。言葉は音によって放たれますよね。音はエネルギーですから、言葉にもそれぞれ固有の周波数があり、エネルギーを放っています。

私たちが言葉を放つたびに、良くも悪くもその言葉が持つエネルギーを放っていることになるのです。

自分に対してつぶやく言葉もそうですが、人に対して言う言葉も、テレビに対して突っ込む不満や文句であっても、結局は自分に一番響きます。その自分が発する言葉は、潜在意識に働きかけます。無意識だったとしても、「ついてない……」「どうせダメだよなぁ……」などのネガティブな言葉を放っていると、その言葉の周波数に共鳴して、自分自身が発する波動も重くネガティブなものになってしまいます。

逆に、言葉の周波数を使って、自分自身にとってポジティブな影響を与えることもできます。それが、「感謝の言葉」です。「感謝」は、宇宙で最も高い波動を放っています。私自身、不安障害を克服するために、まずは自分が発する言葉を徹底的に変えました。

世界的にも有名な江本勝博士の実験をご存じでしょうか。ご自身の著書『水は答えを知っている』（サンマーク出版）に掲載されていますが、水にさまざまな言葉を見せて、結晶を写真で撮った実験です。その結果、「ありがとう」や「感謝」などのポジティブな言葉は、どの言語であっても、綺麗な結晶を作ることが実証されました。

逆に、「ばかやろう」「死ね」などの攻撃的な言葉では、水の結晶が乱れます。

また、「しなさい」と「しようね」では、言葉の意味は同じであったとしても、言葉が持つ周波数が違うため、結晶も明らかに違うものになるという結果もあります。

ここからわかるのは、水であっても、言葉や文字の影響を受けると、本来の姿から乱れてしまうということです。

私も、講座やセッションなどで、音の振動の効果を感じていただく実験をすることがあります。その方法は、コップの水に音叉の振動を数十秒かざすのですが、かざす前の水と、かざした後では、水の口当たりが不思議と変わるのです。

まろやかになる感じ、甘く感じる、スッキリする感じ、と感じ方は人それぞれですが、口当たりが良くなったのは、水の分子が整ったからだと考えられます。

盲点かもしれませんが、ペットボトルのミネラルウォーターには想像以上にストレスがかかっています。

大自然の中で優雅に流れていた水は、ある時、人間の手により採取され、運ばれて工場でペットボトルに詰められ、今度は車に乗せられて、コンビニやスーパーの棚に陳列されます。その間にいろいろなエネルギーを受けているのは、想像できますよね。

また、ご自宅でペットボトルの水を保管する場所は、エネルギーの乱れを引き起こす電磁波の強い電子レンジの近くは避けたほうが無難です。

もしも避けられない場合は、飲む前に「ありがとう」や「感謝」など、波動の高い言葉を書いた紙を張ったり、言葉をかけてあげるだけでも、水の波動が整います。

コンビニや自動販売機で買う飲み物も、手で包んで「ありがとう」と10回気持ちを込めて言葉をかけることで、あなた専用の波動水になりますよ。

実際にウォーターサーバーをご自宅で使用しているクライアントさんからは、水を飲むたびにタンクに向かって「ありがとう、ありがとう」と手をかざして感謝のエネルギーを伝えたところ、水の口当たりが明らかにまろやかに変わったというご報告をいただきました。


私たちの大人の身体の約60%~70%は水でできています。

食品は意識して有機のものを選んでいる方もいらっしゃるかと思いますが、日頃身体に摂り入れる水もとても大切です。

乱れた結晶の水を摂るより、綺麗な結晶の水を摂り入れたいですよね。

綺麗な結晶になった水で身体を満たしてあげることで、身体の状態を整えることができます。

言霊を意識して口癖を変えよう

自分の発する言葉が、周波数として自分自身に最も響いていることを考えると、常日頃、自分はどんな言葉を発しているんだろう、と意識するようになりますよね。

あなたには、どんな口癖がありますか？

その口癖はポジティブな言葉でしょうか？　それともネガティブな言葉ですか？

日本人にありがちなパターンとして、「すみません」の多用があります。

「すみません」は、謝る時にも御礼の意味でも使える便利な言葉ですよね。

たとえば、お店の店員さんや誰かから何かをしてもらったり、プレゼントをいただいたりした時など、「ありがとうございます」ではなく、「すみません」と、つい言ってしまう方も多いのではないでしょうか。

この場合、相手に伝えたい意味としては、「ありがとうございます」と同じですよね。しかし、放っている言葉のエネルギーは全く異なります。それはなぜでしょうか。「ありがとう」は、感謝がベースのエネルギーなのに対し、「すみません」は、申し訳ないという、罪悪感がベースのエネルギーだからです。

たとえば、飲食店でお店の人が気を利かせてひざ掛けを持ってきてくれたり、何かサービスしてくれたりした時、ついつい「すみません」と口にしてしまうのは、無意識だとしても「そんなことをしてもらって申し訳ない……」という罪悪感がベースになっているということです。

もしあなたが、職場の同僚にお土産を買っていった時に、相手に「すみません……」と申し訳なさそうに受け取られるより、「ありがとうございます！」と気持ちよく受け取ってもらったほうが嬉しいですよね。

私自身も、以前は受け取ることがとても苦手でした。周りの方がお手伝いを申し出てくださっても、「それは申し訳ないな……」という気持ちが先にたって、「大丈夫です」と素直に相手の厚意を受け取れず断ってしまうこともありました。

しかし、普段から使う言葉を変えるように意識して、素直に受け取ることを自分に許すようにしてから、さまざまなことが良い方向へ流れ始めました。

人に与えるのは得意でも、受け取ることは苦手という方もいらっしゃると思います。

あなたはどうでしょうか？

相手の厚意を受け取るということは、さまざまな豊かさを受け取る器を広げることにも繋がります。

ですから、「与え上手」だけでなく、「受け取り上手」になることも自分を大切にすることに繋がります。

自分を振り返ってみて、もし「すみません」を多用していたり、ネガティブな口癖があるのなら、まずはそこから変えるように意識してみましょう。

すると、自分の放つ周波数が変わり、引き寄せる現実を変えることができますよ。

「色」を使って周波数を整えよう

私たちは日々の生活の中で、「音」と同じようにたくさんの「色」に囲まれて過ごしていますよね。この世界を彩る「色」も、固有の周波数（エネルギー）を発しています。

色とは、一言でいうと「光」です。光は、太陽から放射される電磁波の一種です。

つまり「光も波」なのです。電磁波にはいろいろな波長のものがあり、それぞれ固有の周波数を放っています。

私たちが認識できる光は、「可視光線」と呼ばれています。つまり私たちが目で色として認識できる光のことです。その波の長さの範囲を表すと、およそ380nm（ナノメートル）～780nm。波長の長いものから、虹色の赤、橙、黄、緑、青、藍、紫の順に並んでいます。

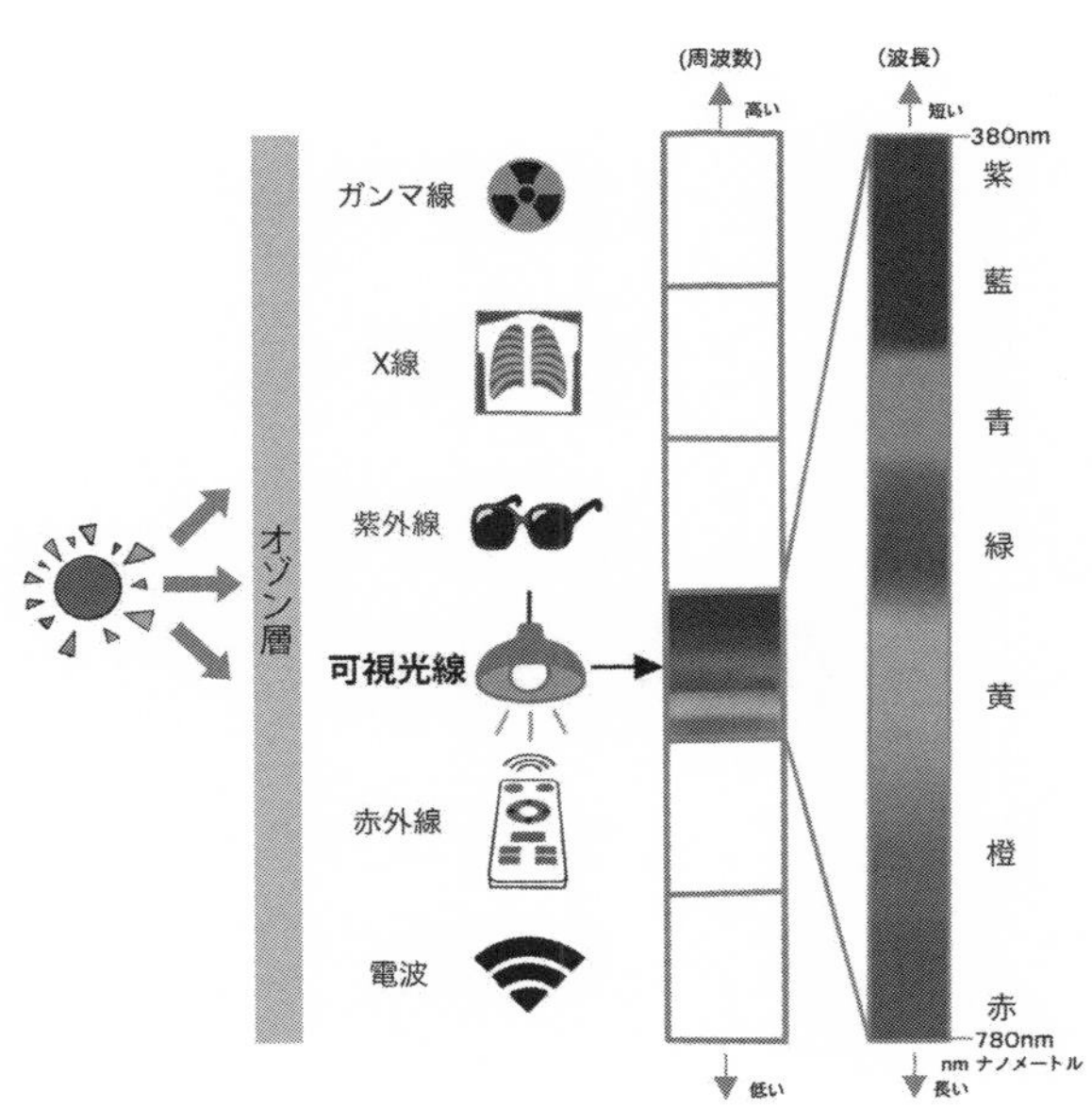

色の波長が違うということは、それぞれ違ったエネルギーを放っているということです。光は、可視光線だけではありません。目には見えない光も存在します。赤より波長が長い光は「赤」の外側にある光として、リモコンから出る「赤外線」。また、紫より波長が短い光は「紫」の外側にある日焼けの原因ともなる「紫外線」。他にも携帯電話の通信に使う「電波」や、レントゲンを撮る「X線」など、さまざまあります。

私たちは「光」、つまり「色」からも、無意識のうちに影響を受けて生活をしています。たとえば、青色と緑色は見た時に受ける印象が違いますよね。それは、青なら青の周波数、緑なら緑の周波数を放っているから。無意識であっても、実は思っている以上に私たちは色からも影響を受けています。

皆さんも真っ青の空や海を見てすがすがしい気持ちになったり、森の緑を見てリラックスしたり、癒やされてほっとするなんて感覚を覚えたことはありませんか。

私たちは、**色が放っている周波数（エネルギー）を視覚からだけでなく、音と同様に実は皮膚からも受け取っています。**ですので、身に着ける服はもちろん、身の周りにある色のエネルギーを、心地よい空間になるように意識的に取り入れることもとても大事です。そして、あなたに合う色のエネルギーを使うことで、あなた本来の資質、魅力を活性化することもできるのです。

色は自己表現の一つ

あなたはいつも自分の好きな色の服を選んでいますか？

「無難だから」
「目立ちたくないから」
「仕事だから」
「もう歳だから、派手で明るい色には抵抗がある」
「似合う色がわからないから」

特に日本人は、年齢を重ねると、控えめな落ち着いた色を選びがちな傾向にありますよね。でも、「本当は鮮やかな赤いワンピースを着てみたい」「年齢に関係なく好きな服装、鮮やかな色使いをしている人に憧れる」という思いが少しでも出てきたとしたら、それがあなたの本心ではないでしょうか。

それでも実際に選ぶのは無難な色合いが多いとしたら、それは**自分の気持ちを抑えて、周りに合わせることを選択している**ということになってしまいます。

色は、ありのままの自分を表現するための一つの手段です。

本当は惹かれる色があるのに、自分の楽しさや心地よさより世間体や周りの目を気にして、または年齢を理由にして好きな色を着ることを諦めているとしたら、それは自分の意識が外側に向いているということ。つまり他人軸になって、鎧をまとっていることになります。

そんな理由から、自分の好きな色という基準ではなく、ワードローブが黒・紺・グレー・ベージュといったモノトーンが多い、結局は黒に落ち着いてしまう……という方もいるのではないでしょうか。

確かに黒は、一番無難で、手に取りやすい色ですよね。また、着やせ効果のある色として知られています。しかし！　実は、黒は誰にでも似合う色ではありません。

引き締め効果を期待して黒を多用したくなるところですが、黒は重さを感じさせてしまう色でもあります。黒が似合う方ももちろんいらっしゃいますが、似合わない方が着やせ効果を期待して、全身を黒で纏(まと)めてしまうと、逆に重たい印象になってしまいます。

また、黒は自分を隠したい時に選ぶ色ともされています。黒を多用する心理状態として、周囲から自分を守りたい、自分を閉ざしたい、という心が垣間見えます。

たとえば、空気の合わない職場での付き合いが面倒、人と距離を置きたい、目立ちたくない、自信が持てない……という心理が働いているのかもしれません。

もちろん、黒い服がダメな訳ではありません。デザイン性があっておしゃれで、着ていて気分が上がる黒い服もありますよね。ですから、「黒＝着やせ色、黒＝無難」の概念に囚われず、今日は黒に惹かれる、これを着ると心地いいから着よう、など、自分の気持ちを優先して選ぶようにしましょう。

逆に、「この色！」と、自分の気持ちに一致して、気分も上がって嬉しくなるような色を選ぶようにすると、それはその日のあなたのエネル

ギーに馴染むので、心地よく過ごすことができるでしょう。

色を効果的に使う、または効果的に色を選ぶことで、本来の自分のエネルギーを発揮できるのです。

すでに活用している人もいらっしゃるかと思いますが、どんな人にも、それぞれの個性があって、その人に似合う色、その人の魅力を引き出してくれる「自分色」（パーソナルカラー）があります。その自分色こそ、自分本来の魅力を引き出してくれるのです。


私自身、「色」について学ぶまで、自分に「似合う色」について考えたことがあまりありませんでした。ちゃんと自分を知ろうとせず、「明るく鮮やかな色は自分には似合わない」と、勝手に思い込んでいたのです。そうやって、本来の自分を隠す鎧を自ら着ていたのですね。

しかし「パーソナルカラー」という概念を知り、本当に自分に似合う色を知ることで、「明るい色を身に着けていいんだ」とだんだん迷いがなくなり、自然と自信がついてきました。

そのようにして、「自分色」を知ることで、抵抗があった明るい色だったとしても、それを身に着ける許可を出せたことが私を変える第一歩となり、鎧を少しずつ脱いでいくきっかけにもなったのです。

服を選ぶ時に「これ自分に合っているのかな……」と迷いがあると、自信のなさや不安のエネルギーを発してしまうことになります。

逆にどんなに鮮やかでも、「この色は自分に似合うんだ」と受け入れられると、気持ちもブレずに、堂々と自信を持って着こなすことができますし、心地よい状態でいることができます。

また、本当に自分に似合う「自分色」を知ると、「私はこうあるべき」「年齢に合った色を着るべき」などといった、セルフイメージや思い込みからの解放にも繋がります。

診断をさせていただく中で、自分に似合う色だとわかっても、自分の気持ちに蓋をして、抑えている感情や思い込みがあると、すぐにその色を受け入れられないことがあります。特に「ピンク」を着ることに抵抗がある、という女性が比較的多くいらっしゃいます。あなたにとってのピンク色は、どんなイメージでしょうか?

ピンクを着ることに抵抗があるクライアントさんから、

「ピンクは女性らしさ、可愛らしさの象徴で、自分のキャラクターには合わない」

「見た目の女性らしさや、可愛らしさに抵抗がある」といったお話を伺います。

しかし、実際にその人に似合うピンク色の波動に触れることによって、「こんなに綺麗で可愛い色が似合うんだ……」と、最初は抵抗があっても、自分の顔映りや、雰囲気の変化を目の当たりにすることで、抑えていた感情の蓋が開いて、自分の気持ちに気づかれることがあります。

色のエネルギーによって自分が奥底にしまっていた感情が引き出されることで、「可愛らしさ、女性らしさを出していいんだ」と、自分で許可を出せるきっかけとなるケースもあり、パーソナルカラー診断は単に自分に似合う色を見つけるだけでなく、その方のセルフイメージや思い込みからの解放にもつながると実感しています。

いつの間にか身についてしまった固定観念を解放して、自分をリセットしたい、新しい自分を見たいと思う方は、簡単で変化の違いがわかりやすい「色」を取り入れてみるのはいかがでしょうか。

さらに、色は見た目だけでなく、その人が放つオーラ（エネルギー）にも変化をもたらします。

たとえば、自分に合う色を身に着けると、エネルギーが馴染んで、存在感が増したり、オーラがスッキリとクリアに広がります。

逆に自分に合わない色を身に着けると、オーラが陰る感じがしたり、小さくしぼんでしまう感じになります。

簡単に言うと、似合う色はその人本来のエネルギーに馴染むことで、若々しく元気なエネルギーを放ち、似合わない色だと元気がない印象だったり、その人の本来持つエネルギーが抑えられた印象になってしまうのです。

つまり、**自分に合う色を身に着けるということは、単に外見の印象が変わるだけでなく、自分が放つエネルギーやオーラもスッキリとして、心地よくいられるようになるのです。**

このように、身近な色の周波数を使うことで、本来のあなたらしい周波数を発揮することができるようになります。あなたが自分らしく輝き、心地よい気持ちでいることで、聖フランチェスコの言葉通り、「世の中は正確な映し鏡」なので、心地よい現実を体験することができるようになるでしょう。

色のパワーは洋服だけではなく、手帳やペンなど小物を身に着けたり、部屋のカーテンやクッションなどインテリアとして身近に置くことでも、簡単に取り入れることができます。

人生に彩りを加えて、あなたの色を発揮し、さらに自分の人生を楽しんでいきませんか。

【work】

～色のエネルギーを呼吸で取り入れよう～

固有の周波数を放つ「色」のエネルギーを取り入れることで、自分の意識を変容させることができます。まずは色のエネルギーを感じることから始めてみましょう。色のエネルギーは洋服やものでなくても、呼吸とイメージで取り入れることもできます。

1 今、あなたが取り入れたいエネルギーの色を自分の身体の周りにイメージしましょう。たとえば、高ぶる気持ちを静めて冷静になりたい時はブルーのエネルギーを。ゆったりリラックスしたい時は、グリーンのエネルギーをイメージします。

2 その色をゆっくり吸って、息を吐く時にその色のエネルギーを身体全体に満たします。

3 満ちる感覚がするまで何度か繰り返してみてください。

4 その取り入れた色が、呼吸をするごとにキラキラと輝きを増して、心地よい感覚、気分が引きあがる感覚になったらOKです。

特に取り入れたい色が浮かばない時は、虹色を全体に満たすようにして、気持ちが引きあがる感覚を感じてみましょう。

☆色の持つエネルギー☆

赤	行動力を高めたい、前に進む力をつけたい時 リーダーシップを発揮したい時
オレンジ	物事をポジティブに転換したい時 社交性を高めたい時
黄	前向きな気持ち、無邪気な気分になりたい時 枠から外れて自由な発想をもちたい時
緑	気持ちをリラックス、安定させたい時 自分も含め、様々なバランスを取りたい時
青	冷静さ、集中力を高めたい時 焦っている時や怒りの感情を抑えたい時
紫	洞察力、直観力を研ぎ澄ませたい時 物事をより大きな視点で捉えたい時
ピンク	女性らしく若返りたい時 ホルモンバランスを整えたい時
白	高い資質の本質に繫がりたい時 自分の中にある崇高さを大切にしたい時

第3章

自己愛とは自己責任

St. Francesco

自分の価値を認めるから、ありのままの自分でＯＫが出せます
自分の価値を認めていないから、ありのままでは不十分だと思うのです
言い訳をしないということや
１００％自分の人生に責任を持つ、ということも
自分を愛することの大切なレッスンです
誰かのせいにしてみたり、他人任せにしたりするのは
あなたの自己愛が足りないがゆえ
自分を愛するには
「自分の人生に１００％責任を持とう」と、まずはそこからです

他人任せにしていたら、本当の意味で自分を愛することはできないのです
だから、すすんで自分の人生に対する責任を受け入れなさい
そうするとあなたは、自分をどんどん好きになり
自分を１００％愛することができるようになります
どんな自分であってもＯＫと認めて
受け入れることができるようになります

自己愛は、自己責任である
まずはそこから始めなさい
なぜなら、愛はすべてを認め受け入れることだから

聖フランチェスコ

自分の価値を認めていこう

あなたは、自分のことを愛していますか？

100%、何があっても自分を愛している、と胸を張って言えますか？

自分を愛するって、なかなか難しいですよね。私も自分のことが好きではなかったので、自分を愛するのが難しい、という気持ちがよくわかります。自分を愛せていなかった頃の自分を振り返ってみると、自分の理想像とそうではない自分を比べてしまい、自分にOKが出せていなかったな、と思います。

聖フランチェスコもこう伝えてくれています。

『自分の価値を認めるから、ありのままの自分でOKが出せます
自分の価値を認めていないから、ありのままでは不十分だと思うのです』

私自身、自分の価値を認めていなかったので自分にOKが出せず、自分ではない、何かになろうと頑張っていたんですね。

それこそ、心の鎧を着て戦っていましたし、自分の意識は外側に向いていました。周りに合わせることが当たり前になっていたり、外側の誰かに幸せにしてもらおうとしたり、外にばかり求めていました。

それもこれも、第2章でお伝えした、現実のしくみがわかっていなかったから。自分の内側に意識を向けていなかったのです。

でも、自分の内側に意識を向けるようになった今、なぜ鎧を着込んだり、必死になって外側に意識を向けていたのか、その原因がわかるようになりました。

その答えは、私には自信がなく、自分を幸せにできる力があると思っていなかったから。それゆえに、自分の決断に自信が持てずに、他人任せになっていたのです。

そもそも、自信があって、自分に力があるとわかっていれば、鎧なんて着なくていいですよね。

今は完全にはそう思えなくても、自分には力があるということ、自分で自分を幸せにできるということ、まずは自分を信じることから始めてみましょう。

少しずつでも自分にOKが出せるようになることで自信を取り戻し、徐々に鎧を脱いでいけるようになります。同時に少しずつでも自分を愛せるようにもなるのです。

自分の人生の選択に100%責任を持とう

自信を持てば、自分を愛せるようになる……とはいえ、具体的にどうすれば自信を持てるのでしょうか？　その答えを、聖フランチェスコが教えてくれています。

『自分を愛するには「自分の人生に100%責任を持とう」
自己愛は、自己責任である』

自分を愛することと、自分の人生に責任を持つことが結びついていなかった私は、この言葉にとても衝撃を受けました。「責任」という言葉だけ聞くと、重そうとか、大変そう、なんて思うかもしれませんね。

でも実は、自分の人生に責任を持つことで、逆にすごく楽になるのです。

実際に私はそう意識を変えたことで人生が楽になりました。

何ごとも他人任せにして、人のせいにしているほうが、表面的には簡単で楽かもしれません。でも、自分の人生に対しての選択に責任を持たないということは、常に、

「あの人がこうしてくれなかった」
「あの人がこう言ったから」
「あの人が変わればいいのに」
と、相手にばかり求めてしまうので、一向に現実は変わりません。

たとえば、好きな人がいて、友達にどうしたらうまくいくかを相談したとします。友達は「もっと積極的にアプローチしたほうがいいよ」とアドバイスをしてくれました。自分は「そうなのかな？」と思いつつも、アドバイス通り積極的に行動に移してみました。

ところが、うまくいかず逆に冷たくされてしまいました。

その時に「A子ちゃんがこうしたほうがいいって言ったからそうしたのに！」とA子ちゃんのせいにしたり、A子ちゃんに怒りをぶつけたりするのは、自分の選択に責任を持っていないことになりますね。

相手のアドバイス通りに動いて、結果がうまくいかなかったとしても、そのアドバイスを採用し取り入れたのは自分の選択です。

自分が選択したのだからと受け入れると、周りに責任をなすりつけることなく、自分の中でこの出来事に対して完了することができます。だからこそ、次に進むことができるのです。

自分の選択に責任を持つことで、周りの意見を鵜呑みにするのではなく、自分は本当はどうしたいと思っているのだろう？　と、より自分に意識を向けられるようにもなってきます。それに、相手に理解してもらうことばかり求めて、自分は相手のことを理解しようとしないでいると、「自分は正しい。相手が間違っている」論を、延々と繰り返すことになります。

それでは、いつまで経っても何も変わらないし、責任をなすりつけているだけですよね。聖フランチェスコもこう伝えてくれていました。

『誰かのせいにしてみたり、他人任せにしたりするのは
あなたの自己愛が足りないがゆえ
自分を愛するには「自分の人生に１００％責任を持とう」と、まずはそこからです』

現実は、自分の内側の意識の映し鏡でしたね。ですから、少しずつでもいいので、まずは自分の選択は、自分で１００％責任を持つと決めてみましょう。

あなたの人生は、あなたのものですから。

自分を100％大切にしよう

きっと誰でも、家族や友達、恋人から、自分のことを優しく大切に扱ってほしいと思っていますよね。

「あなたは自分自身のことを１００％大切に扱っていますか？」

そう質問されたら、なんと答えますか？

もし、あなたが自分のことを本当に大切に扱っていなかったら、周りからも大切には扱ってもらうことができないのです。

なぜなら、**自分への扱いが、周りからの扱いだからです。**

「自分を大切に」という言葉は、今ではよく見聞きしますよね。では、本当の意味で「自分を大切にする」とは、どういうことなのでしょうか。

それは、自分が思っていること、自分の気持ちをちゃんと相手に伝えること。

たとえば、自分はこれが良いと思ったこと、良いと感じたことは「ＹＥＳ」と伝え自分にとって違うと思ったこと、違和感を覚えたことは、「NO」とちゃんと伝えること。

それには、相手の望むものがわかっていたとしても、「自分の希望も表現すること」も含まれます。こうしたいと思っている自分の気持ちを、ちゃんと自分が尊重しましょう。

たとえば、赤とピンクの2本のペンがあり、友達はピンクのペンを選ぶことがわかっていたとしますね。今までは友達の好みを察して譲っていたとしても、あなたの本心はピンクのペンに惹かれたのなら「ピンクがいい」と表現する、ということ。

たとえ、ピンクのペンが手に入らなくても、大事なのは「自分の思いを表現する」ということです。もし二人ともピンクのペンが欲しいのなら、じゃんけんをして決めたっていいですよね。大切なのは、自分の気持ちを押し殺さないことなんです。

人の気持ちばかりを優先して、自分の気持ちを聞かずにないがしろにして、我慢をさせるのは、自分がかわいそうですよね。

自分のことは後回しにして、家族や他の人を大切にしすぎていると、あなたのエネルギーは枯渇してしまいます。

人に与え続けるばかりで、自分がすり減ってしまうのです。

女性であれば、妻であったり、母であったり、娘であったり、仕事先では上司または部下であったりと、私たちは一人でたくさんの役割を背負っていますよね。

そのどの場面でも、結果にこだわるのではなく、自分の本当の気持ちをまずは表現してみること。

それが、自分を大切にすること、自分を愛することに繋がります。いつだって、自分の本心に耳を傾けるようにしてみてくださいね。

まずは**自分の価値を認めて、「自分」という存在を１００％大切に扱っていきましょう。**

「まぁ、いいや」をやめよう

「最良」の敵は何だと思いますか？　と聞かれたら、あなたは何と答えますか？

最良と聞くと、その敵は「最悪」かなと思われがちですが、実は「良」なんです。

「最良の敵は良である」という、言葉があります。これは、「７つの習慣」の著者、スティーブン・R・コヴィー氏の言葉ですが、この言葉の意味するところは何でしょうか？

「最良」が「最も良い！」を意味するのに対し、「良」とは「このくらいで良い」という、「これでまぁ、いいや」という意識を表します。

この「まぁ、いいや」の意識でものごとを選択すると、第2章でお伝えしたように自分が使っている意識が映し出されるので、最高な現実を体験することはできません。ですので、何かを選ぶ時に、「まぁ、いいや」という意識で選ぶのではなく、その中での最良を選ぶようにしましょう。

とはいっても、金額の高いものを選びましょうというわけではありません。その時に選択できる範囲で、あなたの心が惹かれるもの、心地よく感じるものをその都度、自分の感覚に従って選べばいいのです。

最良を常に選択するようにしていると、その意識が反映されて最良の現実を体験するようになってきます。

かつての私こそ、「まぁ、いいや」でものごとを選んでいました。

たとえば、旅先で買ったバカラのワイングラスや高級な食器も、家にお客様が来た時に使おう……と、結局使わず、ずっと箱にしまったままでした。

日常で自分が使うものは「割れちゃうともったいないから、これでもいいかな」と、選んだものばかり。しかし、ある時、気づいたのです。

「私は、自分の価値を認めていないから、バカラのグラスを日常で使うのはもったいないと思って使えなかったんだな」と。

そこで、箱にしまわれたままだった食器やグラスを、日常で自分のために使うことにしたのです。

素敵な食器やグラスを使うことはとても心地よく、自分の気分が上がるのがわかりました。せっかく素敵なグラスや食器も、出番がないより、使ってもらったほうが嬉しいですよね。

もし、あなたのお宅にも、使わずしまい込んでいる素敵な食器やグラスがあれば、自分のためにも使ってみてください。

「まぁ、いいや」ではなくて、日頃使う食器やグラスなども、自分の気分が上がるものを選んで使っていきましょう。気分が上がることで自分の波動も高まります。

そうやって、常にその時の最善最良を選ぶようにすることは、自分を大切にし、愛することになるのです。

まずは覚悟を決めよう

もしあなたが、「まだ自分はもっとできる気がする……」「もっと自分を出していきたい」と少しでも思う時があるなら、あなたの内に秘めている可能性を感じているということです。

しかし、自分自身が変わることに抵抗があるという方も多くいます。人は変化を望むけれど、基本的には変化を怖がる生き物です。それは、私たちは無意識のうちに、現状を維持しようとする性質を持っているからです。

特に、鎧を着ることで、周りと自分のバランスを保って生きてきた人は、自分を変えることがすごく怖いですよね。

職場環境を変えたい！　人間関係を変えたほうがいい！　と頭に浮かんではいても、

「変化を選んだその先が、安泰でなかったらどうしよう……」

「失敗したらどうしよう……」

「今より悪くなったらどうしよう……」

と、先が見えないからこそ、恐怖が出てくるものです。

でも、「自分を変えたい！」「ありのままの自分として生きたい！」「本当の自分の可能性を発揮していきたい！」「好きなことを仕事にしていきたい！」と思うのなら、まずは覚悟を決めることが必要です。

自分の覚悟が決まっていないと、あなたの変化を止めるような現実を映し出してしまうことになります。

ここで私の例になりますが、セラピストとして独立するまで、私は会社勤めをしていました。

そろそろ独立したいと思い、母に報告したところ、実家は自営業だったため、「自分一人でやるのは大変よ……。会社に行ってお給料をいただけるのはありがたいことなのよ」と言われました。確かに母の言うように、フリーランスの大変さはわかっていたので、私の心は揺れ、一旦、独立を見送りました。数か月後、また母に話したところ、同じ答えが返ってきました。

その時、独立を応援してくれていた友人に、「お母さんが心配するから……」と、今思うと、その世界に飛び込む覚悟が決まらず、母を理由に動かない言い訳をしていたのです。

また数か月経ったある日、先延ばしにしている自分に飽き飽きしてきた私は、「今のタイミングを逃したら後悔するな……もしやってみて、うまくいかなかったとしても、仕事は選ばなければ何でもある。どんな仕事でもする！」という気持ちになりました。この瞬間、「覚悟」ができたのです。

そして母親に再度報告したところ、「あら、そう」と、拍子抜けするような反応が返ってきました。

これまでは、私の覚悟が決まっていなかったため、「自分の揺れ」が母の言葉に反映されていたのです。そして、行動に移せないことを母親のせいにしていました。つまり自分の人生の選択に責任を持っていなかったのです。

覚悟が決まると、もし周りから反対意見やネガティブな意見を言われたとしても、気にせず進むことができます。でも覚悟が決まらず自分が揺れていると、周りの人の意見に左右されてしまうのです。

自分の中でちゃんと覚悟が定まると、反対意見を言われたとしても、「心配してくれてありがとう」と、影響されて流されるのではなく、一意見として受け止めることができるようになります。

自己愛とは自分のすべてを受け入れること

自分がやりたいことに向けて本気で覚悟が決まると、宇宙からサポートが入ります。

ほかならぬ自分が「よし、やろう！」と明確に決めて進んだ時、自分の軸からブレない・ズレないエネルギーを、宇宙に対して放つことになるからです。

宇宙へ放たれた、そのブレていない・ズレのないクリアなエネルギーは自分に返されることになり、結果として現実に反映されていくことになります。


ですから、「自分はダメなんだ」「できない」ではなく、まずは「自分を信じてみよう」と思うことから始めましょう。

どんなことがあっても、その状況を受け入れ進んでいこう、というシンプルさと強さを大切にしてください。そして、自分を認めようという意識を大切にしてください。

その意識は、自分を愛すること、つまり自己愛に通じるからです。

聖フランチェスコの言葉にあるように、

『自己愛は、自己責任である』

この言葉の裏を返せば、自分に対して責任が持てないのであれば、本当の意味で自分を完全に愛することはできず、自己愛から離れてしまうといえます。

自分に対して責任を持つようになると、すべては自分であり、常にどんな時でも自分の内側に意識が向くようになります。

自分を愛するには、自分に意識を向けないと本当の意味で愛することができません。

つまり、自己愛とは、自分に100%意識を向けること以外、何もないのです。

誰かのせい、何かのせい、といって責任の転嫁をする姿勢は、自己責任の姿勢ではありませんよね。それはつまり、自分に100%意識を向けていないために、100%自分を愛することができないということです。

この時、誰かのせいにすることをやめると、今まで外に向けていた意識が全部自分に向きます。すると、自分の中にある嫌な部分や、いじわるな部分、腹黒い部分など、いろいろなものが浮上してくることがありますが、

「そんな嫌な自分、いじわるな自分も認めてみよう」

「そんな自分にもOKを出していこう」
と、自分を一旦認め、受け入れることができた時、本当の意味で自分を100%愛することができるのです。

とはいえ、なかなか嫌な自分は認めるのは難しいかもしれませんね。
そんな時は、次の聖フランチェスコの言葉を、心に留めてみてください。

自分にはこういう理想がある
自分はこうなりたいという理想があった時
全くそこからかけ離れている状況だとしても
それでもその自分を丸ごと受け入れる
ずっとそのままでいいと言っているのではなく
「この瞬間はこれでOKなんだ」と認めるから変わる余地ができる
次のステップに進む準備ができたことになり

本当にその先へと進むことができる
「これではいけない、この自分ではよくない」と言っている間は
決して変わることができない
結局そこを認めて受け入れていかない限り
あなたはその先には決して行かないだろう

聖フランチェスコ

理想とする自分になれていない自分は、なんてダメなんだろう。こんな自分は認められない。そんなふうに自分を責めるのは、ここで終わりにしましょう。

「この瞬間は、この私でＯＫなんだ。充分なんだ」

そう、自分に対して優しくあってください。

自分を愛するとは、自分の人生に１００％責任を持つこと。

それはもちろん大切ですが、同時に自分自身を大切に扱うことでもあるのです。

ですから、自分を認めて、受け入れましょう。

自分のことを１００％受け入れることこそ、自分の人生に責任を持つことでもあり、本当の意味での自分への愛だからです。

聖フランチェスコは、締めくくりとしてこんな言葉を私たちに贈っています。

『なぜなら、愛はすべてを認め受け入れることだから』

【work】

～愛のエネルギーで自分を満たそう～

豊かで愛に満たされている時こそが、私たちの本質です。

その本質に戻るには、まずは自分のことを自分で満たしてあげる意識が大切です。

「愛に満ちた豊かな自分になろう」とまずは決めましょう。

自分で自分を満たせないと、外に愛を求めてしまうようになります。

このワークを通じて自分を満たすことで、自分のエネルギーが変わり、結果、あなたが映し出す現実も変わってきます。

ですから、誰かに満たしてもらうのではなく、宇宙からの愛のエネルギーで自分を満たしましょう。

1. 目を閉じて、自分の身体を風船だとイメージします。

2. 風船の息を吹き込むところ（空気口）が、頭のてっぺんにあります。
最初は愛の空気が入っていないので、自分型のペタンとしぼんだ風船をイメージしてください。

3 愛に満ちたピンク色のキラキラしたエネルギー（100%愛のエネルギー）が宇宙から降り注いできます。

4 頭にある空気口からピンク色の愛のエネルギーが入ってくるのを感じてください。

5 ゆったり深呼吸しながら、身体の下からどんどん愛のエネルギーが満ちてきて、ムクムクと風船が膨らんでくるのをイメージします。

6 頭のてっぺんまで愛のエネルギーが満ちたら空気口を結び、ゆっくり呼吸をしながらハート、そして身体の周りのオーラにもどんどん愛のエネルギーを満たしましょう。

7 愛のエネルギーでパンパンに満たされたことを感じたら、目を開けましょう。

第4章

本当の自由と平和

相手に変わってほしいと思う時
相手が変わるかどうかは、周りが強要するものではありません
あなたが相手に変わってほしいと願うのが自由であるように
相手が変わらないという自由も認めなさい
あなたが自分の真実を言う自由があるように
相手にも相手の真実を言う自由があります
それを認めなかったら、あなたは本当の意味で自由にはなりません
相手が変わるか、変わらないかは
完全なる相手の選択であり、自由なのです
相手を変えようとする意識を戒めなさい
そこにはそのつもりがなかったとしても
その意識をずっと持ち、拡大させるのは、暴君と一緒である

「これぐらいはいいだろう」という意識を戒めなさい
相手を変えようとするのは、自分を変えることを拒否していること
だから決して変わりません

自分を認め受け入れることは
相手を認め受け入れることに繋がります
相手は受け入れてもらうことで、変わる余地ができるのです
変わってほしいと願うことは、決して悪いことではありません
しかし、それを決して相手に押し付けてはならない
相手が変わるか変わらないかというのは
完全に相手の責任であり、自由だからです

聖フランチェスコ

相手が変わらないという自由も認めよう

皆さんは人間関係の中で、この人にこう変わってほしい……この人が変わってくれたらもっと関係性が良くなるのに、もっと幸せになれるのに……なんて思う相手はいますか？　とはいえ、自己啓発やスピリチュアルの世界に触れている方は、「相手を変えようとしても変えることはできない」という言葉をよく見聞きしていると思います。では、どうしたらお互いに心地よい関係性を築いていけるのでしょうか。

聖フランチェスコは、このように教えてくれています。

『あなたが相手に変わってほしいと願うのが自由であるように相手が変わらないという自由も認めなさい』

このメッセージを聞いた時、私はハッ！　としました。当時、喘息があるのにタバコを吸っていた父に「タバコをやめてほしい」と思っていました。「父の身体は悲鳴をあげていて、入院の経験もあるのに、それでもタバコをやめず吸うなんて考えられない……。咳も出るし、苦しいんだったらやめるべきでしょ！」と、父は変わるべきだ、と思っていました。

私の意見は正論で、当たり前だと思っていたんですね。それこそ自分が正しい、正義という剣を振りかざしジャッジをして、父のタバコを吸いたいという自由を全く認めていませんでした。そして、私の思い通り、タバコをやめてくれることを期待していたのです。

聖フランチェスコのメッセージの意味は、お互いが相手に「変わってほしい」と思う状況があったとします。

自分が相手に「変わってほしいと願う自由がある」のと同じように、「相手にも変わらない自由がある」ということです。

つまり、お互いの自由を認める意識が、何よりもとても大切なのです。

聖フランチェスコの言葉にあるように、**「相手を変えようとすることは、自分が変わることを拒否している」ということ。**これは、相手は自分の内側の映し鏡だからです。だからこそ、逆に自分から先に進んで変わることを示した時、あなたが映し出す現実は鏡なので、相手も変わり始めるのは自然なことなのです。

でもそうは言っても、「自分から変わるなんてなんだか許せない、嫌だなぁ」という気持ちも湧いてきますよね。しかし、それでは、「ありのままの自分では、ダメですよ」と言っているのと同じことになってしまいます。

自分を変えずに相手を変えようとするのは、鏡の向こう側の自分が笑っていないのに、「なんで笑わないのよ！　向こうから笑えばいいのに！」と求めているのと同じです。自分が笑っていないのですから、鏡に映る自分は笑うはずないですよね。

逆に、自分から笑ったら、鏡に映る自分もにこやかになりますよね。全くそれと同じことです。

すぐには難しかったとしても、もし相手に話しかけてもらいたかったり、優しくしてほしかったら、まずは自分から心を開いてみましょう。自分のためにもまずは自分から率先して変わってみよう！　という意識を大切にしてみてくださいね。

相手を受け入れると何かが変わります

もしあなたが誰かに、「あなたはそれではダメだよ。その在り方はダメだよ」と言われたら、どう思いますか？　きっといい気持ちはしませんよね。

逆に、相手が自分の気持ちや状況を理解してくれたら、嬉しくなって気持ちも少し緩みますよね。それと同じように、**相手の気持ちを一旦認めたときに、相手に変化する余地ができます。**

たとえば子供の頃、勉強や掃除をしようかな〜と思っていた時に、「勉強しなさい！まだ掃除していないの！」と言われてイラッとしてしまったり、やろうと思っていたことを強要されるとやる気が失せてしまった、という経験はありませんか？

そのように一方的に相手に変わりなさい！　と強要してしまうと、相手の変わる余地まで奪ってしまうことになるのです。その人本人が変わろうと思っていたとしても、結果、変わらない方向に向かわせてしまうことになるのですね。

つまり、変わってほしいのに変わらせない、という矛盾を生むことになってしまいます。では、どうしたらいいのでしょうか？

その答えは、結局「自分」にあります。聖フランチェスコもこう教えてくれていますね。

『自分を認め受け入れることは　相手を認め受け入れることに繋がります』

だからまずは、「自分」という最大のパートナーを認めて受け入れること。そして、第1章でお伝えしたように、ありのままの自分であることを自分で許すこと。

これができると、相手を許し、認めて受け入れる余地を、自分の中に作ることができるのです。

つまり、自分を認めて受け入れると、相手も「そのままのあなたでいいですよ」と、認めて受け入れることができます。

そうすると、相手も「自分は認められて、受け入れられた」と思えることで、「変わっていいんだ」となり、進んで変わるようになるのです。

自分が自分の自由を認めていなかったり、自由にできていない、または何かを我慢していたりすると、自由にしている人が気になって批判的になってしまいます。

たとえば、人に甘えられずにいた人は甘えている人に対して、もう大人なのに！と、批判をしたり、自分ができないことをやっている人のことが許せなかったりすることがあります。

先ほどの私の例に戻りましょう。喘息があるのにタバコをやめない父に対して、

「たばこを吸ってもいいよ、何をしてもいいよ」というわけではなく、まずは一旦「〝今〟の父にとってはそういう在り方が必要なんだな」と、受け入れて理解しようとすることが、私にとっては大事だったのです。そのうえで、伝えたいことを伝える。

一旦相手の状況を受け入れることが大事なんだと、気づきました。

まずは相手を受け入れてみようと思うことで、自分も楽になるのです。

相手に自分の意見を押し付けて、「変わらない、変わらない」と言っているほうが、結果的に自分が窮屈になってしまうということにも気づいたのです。

相手を許して軽やかになろう

相手を受け入れようと思っても、たとえば相手からひどいことをされたり、ひどいことを言われた場合、相手にされたことが許せない場合もあったりしますよね。

許すとは、その人がした行為を認めるというわけではありません。

たとえば暴力を振るわれたり、傷つくようなひどいことを言われたりなどしても、そのやられたことに同意したり、了承したりする必要はありません。

いつまでも、「私はこの人にこうされた」「この人にこう言われた」「この人がこうしてくれなかった」という思いをずっと持ち続けているのは、知らず知らずのうちに自分の首を絞めていることと同じなのです。

つまり、「許せない」という気持ちがずっと自分の中に充満していると、相手は何も感じていなくても、自分の中ではずーっとムカムカとしていて心地よくない気持ちを握りしめていることになります。

「私はあの人にこうされたことによって、いつまでも、何年何十年もこんな思いをしている、傷ついている……」そのような思いから解放されることが、何よりも大切です。

それはつまり、「**許すとは相手のネガティブな影響から自分を解放する**」**ということ**なのです。相手のした行動にOKを出すのではなく、自分が相手のネガティブな影響から抜ける。相手の影響から自分を解放する。そう意識してみることのほうが、自分も楽になると思いませんか？　ですから、まずは「相手の影響から抜ける」と決めてみましょう。

私も昔、仕事で理不尽なことをされてすごく腹が立ったことがありました。

ずっとその嫌な事柄やその人のことが、頭から離れず手放せずにいた時に、ふと思ったのです。

「自分の大事な時間をその人や嫌な出来事でいっぱいにするのは、心地よくないし、もったいないな。今さら変えられない出来事にずっと影響を受けつづけているのは自分の時間の無駄だな」と。そう自分で納得できたときに、その人の影響から抜けて、自分を解放することができたのです。

許すことができると、相手に向けていた自分のエネルギーが自分に戻ってくるので、力が蘇ってくるのです。

加えて、許せない思いを手放すことで自分自身が軽やかになります。

逆に、「許せない！」という激しい思いをずっと持ち続けると、体調を崩すといった、自身の身体を蝕(むしば)んでしまうことにも繋がります。そのくらい、許せないというのは重たいエネルギーなのです。

ですから、**相手のために許すのではなく、自分のために許しましょう。**

自分を蝕んでいた、その思いを手放しましょう。

相手を許すのは、結局はあなたのためなのですから。

ジャッジを手放そう

私が父との関係において、「相手を受け入れないと何も変わらない」と気づいたものの、父本人がタバコを吸いたいなら吸うのはしかたないけれど、結局、身体はどんどん悪くなり、息も苦しくなるばかりでした。

そんな父の様子を、母から聞くたびに、「やっぱりタバコをやめればいいのに……」という気持ちがどこかに残っていたのです。私は離れて暮らしているので、実際に私が何かできるわけではありません。

では、どうすれば？　その時に、聖フランチェスコが教えてくれました。

> まずは自分の生活の中で自分を批判すること、自分を否定、非難すること
> 自分をジャッジすることをやめること
>
> 聖フランチェスコ

この教えも私にとって、とても心に響きました。

私の場合は、自分への批判・ジャッジが、タバコをやめない父に投影していたことに気づいたのです。そこで、やはりすべては自分の反映なんだ……と再認識させられ、自分の中を整えて自分自身への批判・ジャッジをやめるようにしました。


自分へのジャッジとは、「自分はダメだな」と、自分自身を否定すること。さらに、「自分はこれができていない」などと、自分自身を何らかの形で非難することです。

そしてさらに、もっと深くにある自分の内側の意識に向き合ってみることにしました。父の体調も心配でしたが、父の体調が悪化した時にケアをする母親も大変になってしまうだろうな……という思いも隠れていました。

つまり私自身が父の心配をしたり、母の大変さを感じることが嫌だったのです。

私が「その嫌な感情」を感じたくなかったのです。

だから、父がタバコをやめていないと聞くと、「お父さん、まだやめていないの！」と、攻撃的なエネルギーを放つことで、嫌な感情を感じないように、自分を守っていました。

自分が傷つきたくないという思いから、攻撃的な鎧をまとってしまっていたのです。

他人には優しくできたり、ある程度のことは許容できたとしても、なぜか両親や夫、子供など家族に対しては、期待や甘えがでたり、「もっとこうしてほしい！」「そんなのじゃダメ」などと、一方的についつい強く言ってしまうことはありませんか。

私の場合は、父と性質的に似ているところがあるので、余計にぶつかったり、イラッとしたり、反応が出てしまっていました。

一番身近な家族は、自分が見たくない部分を炙り出してくれる存在です。

冒頭の聖フランチェスコのメッセージを聞いて、私は、「そうだよね、誰だって自由にしたいよね……私だってそうだし」と、いつまでもタバコをやめない父の気持ちを、一旦認めてみよう、と意識を変えることにしたのです。

するとそれ以降、タバコをやめていなくても、父に対する感情が変わり、「こうすればいいのに」とイライラすることがなくなりました。

そして、私が父の気持ちを受け入れて、自分の意識が変わってしばらくすると、父は自らタバコをやめたのです。

皆さんにも、家族に対して、「これをやめてほしい」「〇〇してほしい」と思っていることがあるかもしれません。

たとえば、子供にゲームをしすぎるのをやめてほしい、家族にこの癖をやめてほしい、などと思うことがあるかもしれませんね。そんな場合は、子供がゲームをすぐにやめなかったからといって、「いつも言ってるでしょ！　早くやめなさい」などと、コントロールしたり強制的なエネルギーを発したりするのではなく、「この子だって自由にしたいよね」と一旦受け入れたうえで、こうしたほうがいいと思う自分の素直な気持ちを伝えるようにしてみましょう。

家族だけでなく人間関係において、「変わってほしい、こうしたい」という気持ちが湧いてきたら、次の聖フランチェスコの言葉を思い出してみてください。

> 根本の解決をしていきたい時には、自分を進んで変える勇気を持ち
> 相手を認め受け入れていくという懐の深さを示してあげること
>
> 聖フランチェスコ

マルタ騎士団長
ジャン・パリゾ・ド・ラ・ヴァレット

1565年、大軍を率いるオスマン帝国との戦いに、マルタ騎士団は少ない兵力で最終的に勝利を収めました。その戦いは大変賞賛され、マルタ島の首都ヴァレッタは、当時のマルタ騎士団長であったジャン・パリゾ・ド・ラ・ヴァレット団長の名前からつけられました。

騎士団長の宮殿

〈マルタ共和国　ヴァレッタ〉

イタリア シチリア島の南約100km に位置し、地中海のほぼ中央に浮かぶマルタ島は、ゴゾ島とコミノ島の計3つの島からなる共和国です。公用語はマルタ語と英語。

マルタ騎士団が拠点としていたゆかりの地で、首都ヴァレッタは街全体が世界遺産です。

街のいたるところに素敵な教会がありますが、その中でもヴァレッタにある聖ヨハネ大聖堂は、洗礼者聖ヨハネを称えるためにマルタ騎士団によって建てられた聖堂です。バロック様式の豪華絢爛な内観は圧巻で、訪れる人々を魅了します。

聖ヨハネ大聖堂内観

〈こんな時におすすめ〉

- 生きる情熱を活性化したいとき
- 前に進むエネルギーを活性化し強めたいとき
- 過去にこれができなかったなど、後悔の念を癒やしたいとき
- 飛躍することをブロックしているものを外したいとき

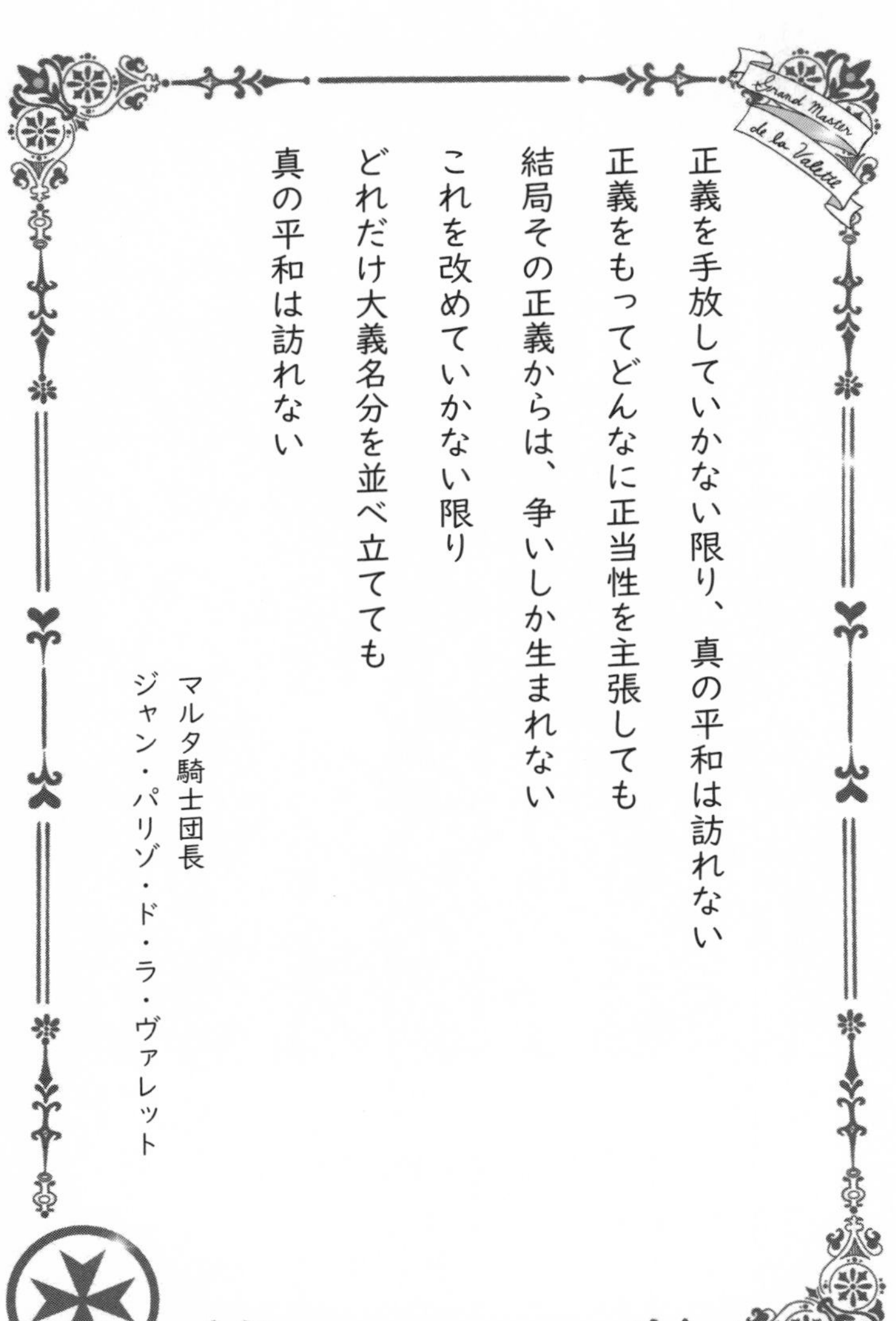

正義を手放していかない限り、真の平和は訪れない
正義をもってどんなに正当性を主張しても
結局その正義からは、争いしか生まれない
これを改めていかない限り
どれだけ大義名分を並べ立てても
真の平和は訪れない

マルタ騎士団長
ジャン・パリゾ・ド・ラ・ヴァレット

心の鎧を着る＝ファイティングポーズをとる

私たちは、ありのまま、自分らしく過ごしている時、平和の意識に満たされています。しかし、心に鎧を着ていると、平和の意識に満たされることはありません。

鎧とは、歴史においても戦いの際に兵士が身に着けていたものですよね。時代が変わり、戦いから身を守る必要のない時代に生きているとしても、鎧には戦いのエネルギーが含まれているのです。

心の鎧を着ているということは、ファイティングポーズをとって戦う姿勢であることを表しています。ということは、この世は映し鏡ですから、自分が鎧を着ていたら、同じくファイティングポーズをとって応戦する人や、戦う必要のある出来事が映し出されます。

さらに、心の鎧を着ることによって、「鎧を着ていてよかった」という状況を映し出すことにもなります。つまり、攻撃されたり、自分を守らなければならないような現実を引き寄せたりしてしまうのです。

かつては、鎧を着るか着ないかが生死の分かれ道でしたが、今の時代は、心の鎧を着ることで「バカにされないぞ！」「傷つかないように」と自分を守る戦いを繰り広げているのです。周りからバカにされたり、負けないために、そういう争いに巻き込まれないように、大きく見せたり、強く見せたり自分を偽って、心の鎧を着て自分を守っているのです。

しかし、**本当は心の鎧を脱ぐことで、バカにされる、負けるという争いから解放されることになるのです。**

心の鎧を脱ぐには、ジャッジをやめよう

心の鎧を脱ぐためのヒントを、ヴァレット団長は、「正義という名のジャッジを手放すこと」だと教えてくれています。

私たちは、知らず知らずのうちに、他人のことをジャッジしてしまう傾向にあります。自分の正義や自分の考えに合うことは認められるけど、自分と合わないものは正義という名のもとにジャッジしたり、抑え込んだり、変えようとしてしまうのです。

先ほどお話しした、私がタバコをやめない父に対してしていたことは、まさにこの

正義ゆえのジャッジでした。

この地球に存在する一人ひとりそれぞれに、真実があります。

だから自分のほうが正しいということはありません。

たとえば、「○○を知らないのは恥ずかしい」とあなたが思っているとしましょう。

あなたからしたら、知っていて当然かもしれませんが、隣の人からしたら、知らないのが当たり前かもしれませんよね。

そこで、あなたが「これを知らないのは恥ずかしいことだ」と思っているとしたら、それを知らない相手のことを批判していることになるのです。

この批判こそ、ジャッジ、戦いへと繋がってしまうのです。

心の鎧を脱いでありのままの自分で生きたい、気負わず生きていきたいのであれば、他人へのジャッジをやめるようにしましょう。

自分が人を批判したりしているから、自分も人に何か言われると思ったり、そのような現実を映し出してしまうのです。

もし他人にジャッジを向けていなかったとしても、「こんな自分ではダメ」という自分へのジャッジがあるかもしれません。ヴァレット団長の言う通り、正義のもとに批判やジャッジをしていては、いつまで経っても平和は訪れません。

ヴァレット団長も平和を求めて戦われていたのだと思います。

しかし、正義の名のもとに戦い抜いた結果、真の平和は得られず、根本的な解決にならないことに気づいたからこそ、このメッセージを送ってくれたのでしょう。

人のことに批判やジャッジの目を光らせるのではなく、常に自分のことに集中できるようにしたいですね。

Malta Valletta

女神アテナ

女神アテナは、ギリシャ神話の最高神ゼウスと知恵の女神メティスの子で、ゼウスの頭から鎧に身を包んだ美しい姿で生まれたといわれています。

女神アテナは「知恵、戦闘、戦略、平和、芸術」などを司る女神です。「戦闘」といっても武力で解決するのではなく、「知恵・叡智」で解決に導く女神です。

女神アテナ

〈ギリシャ アテネ パルテノン神殿〉

世界遺産であるパルテノン神殿は、ギリシャの首都アテネのアクロポリスに存在感を放って建っています。首都アテネの守護神である女神アテナを祀る神殿です（アクロポリスは、「高い丘の上の都市」を意味します）。

パルテノン神殿（世界遺産）

〈こんな時におすすめ〉

・自分の中の血気盛んなエネルギーを癒やし、内なる戦い・争いを終わりにしたいとき
・他人に向けた戦いのエネルギーを手放し、ファイティングポーズをとることをやめたいとき
・力まかせに戦うのではなく、知恵を使って状況を解決したいとき

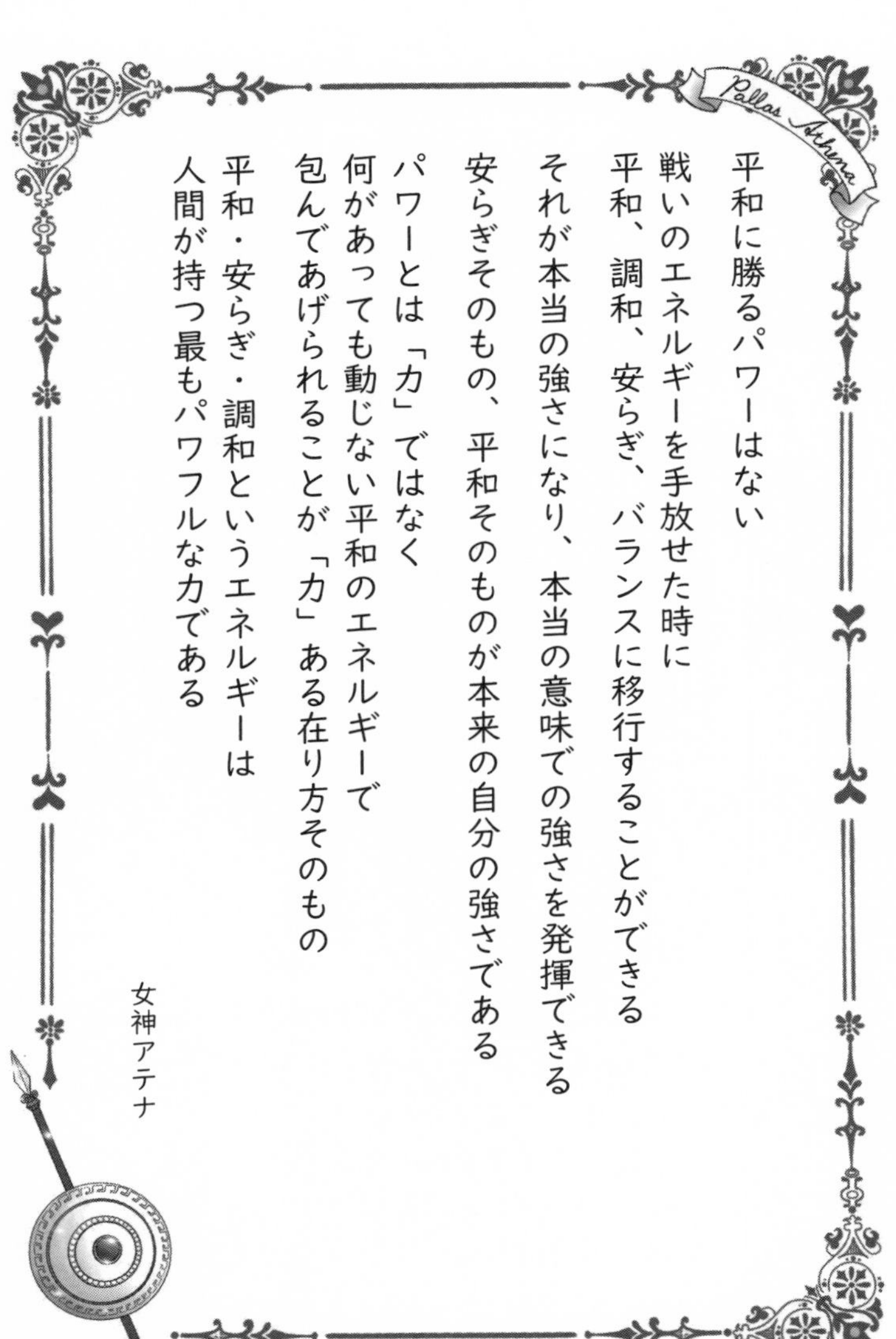

平和に勝るパワーはない
戦いのエネルギーを手放せた時に
平和、調和、安らぎ、バランスに移行することができる
それが本当の強さになり、本当の意味での強さを発揮できる
安らぎそのもの、平和そのものが本来の自分の強さである
パワーとは「力」ではなく
何があっても動じない平和のエネルギーで
包んであげられることが「力」ある在り方そのもの
平和・安らぎ・調和というエネルギーは
人間が持つ最もパワフルな力である

女神アテナ

知恵の女神から教えてもらった本当の強さ

女神アテナは、右手に槍、左手に盾を持ち、頭には兜をかぶり、身体には胸当てのような鎧を着けているので、強く勇ましい戦いのイメージが思い浮かびますね。

しかし、本当は力ではなく知恵と叡智をもって争いを解決し、調和をもたらす平和の女神なのです。

これまでは、正義を振りかざして相手を抑え込もうとしたり、力で相手をねじ伏せたりすることで、自分の強さを誇示しようとしてきた時代でした。しかし、それでは本当の平和は訪れません。女神アテナは本当の平和や本当の力について、こう教えてくれています。

「平和に勝るパワーはない」

「戦いのエネルギーを手放してこそ、平和は訪れる」

ではなぜ、私たちは戦いのエネルギーを持ってしまうのでしょうか？　その原因の一つとして不足の意識や無価値感、劣等感というものがあります。

自分軸ではなく、他人軸つまり、外に意識を向けていると他人と比較をしてしまい、自分の足りていないものに焦点を当てて「このままでは足りない」と思ってしまうのです。

第2章でお話ししましたが、不足の意識や無価値感がベースにあると、延々と不足や無価値感を感じる現実をループして体験することになってしまいます。

そのベースを変えない限り、自分に価値が見出せないため、それを何らかの形で埋めようとしてしまうでしょう。

たとえば、相手の豊かさ（立場や財産や領土）を奪い取ったり、相手を力で打ち負かしたりという形で自分のほうが満たされている、自分のほうが力を持っているという優越感で埋めようとするかもしれません。

ベースに不足の意識があるから、相手から奪ったり、打ち負かしたり、保持したいという気持ちが湧いてくるのです。

そもそも、戦うということは、自分の中に劣等感があるということの表れといえるでしょう。

無価値感や劣等感があると、たとえば欲しかったものや人や状況を得られなかった時、自分の満たされなかった気持ちを紛らわすために、自分の正当性を主張しようと攻撃のエネルギーを放ってしまうこともあるのです。

そこで女神アテナは、ファイティングポーズをとって力を武器に戦うのではなく、知恵を使って解決することが、本来の強さに通ずると教えてくれています。

戦わずしていかに解決するか、と伝えているのです。

たとえ欲しかったものが得られなくても、それに対して批判をするのではなく、その状況を受け入れる器の大きさを持つことの大切さを教えてくれています。

それこそが、女神アテナの言う、真の強さです。

本当の強さを体現していくには、満たされた自分でいることが鍵となります。

それには、**無価値感や劣等感が自分にあることを認めて、自分で自分を満たしてあげることが大切です。**

自分の価値を認められたり、満たすことができれば、自分の力を証明するためにわざわざ相手を打ち負かしたり、誰かから何かを奪ったりする必要がないんだと気づくことができるでしょう。

真のパワーとは「力」ではなく、何があっても動じない、平和のエネルギーで包ん

であげられる在り方なのです。

腕力や権力ではなく、自分の中にある無価値感や不足感から生じる戦いのエネルギーも手放して、自分の中の平和に意識を向けることが、真の強さなのでしょう。

それこそが、女神アテナの言う「本当の強さであり、安らぎそのもの」なのです。

どんなに世界平和を祈っていたとしても、仮に自分が家族や周りの人と争いが絶えなかったり、戦いのエネルギーをふりまいていたりするのであれば、いつまでたっても平和は訪れません。なぜなら、すべては自分の内側の反映、世界の平和も映し鏡だからです。

ですから、もしあなたが世界平和を祈るのなら、まずは自分の中を平和のエネルギーで満たしましょう。一人ひとりが真の平和で満ちることで、この世から争いがなくなることを祈りたいですね。

Erechtheion

いつも自分のハートの中に松明(たいまつ)があって
平和の炎のエネルギーを保持しなさい

その平和の炎のエネルギーを会う人に、与える、与える

その人の平和の意識そのものに意識を向けると
その人の中の平和の炎が活性化し
燃え立たせることができる

小さくなっている火に息を吹きかけると
炎が大きくなるのと同じように

自分の中の最もパワフルな
平和というエネルギーの炎を意識して、相手の松明の炎を灯す

それを常に意識し
平和のエネルギーを伝播（でんぱ）させる

オリンピックの聖火を分け与えるように
相手の心に平和の炎が灯ったら
そこだけに集中しなさい

消えかけた平和の炎が大きくなる

相手が威圧的であっても
本質に意識を向けていたら影響されないのです

女神アテナ

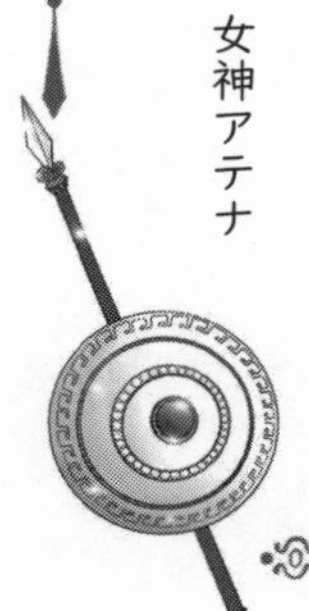

ハートの中にある松明に平和の炎を

私はこの女神アテナからのメッセージで、相手の本質に意識を向けることを学びました。かつて職場に「この人とは相性が合わないな」と、苦手な人がいました。

それまでは、嫌な人だなと苦手意識があったのですが、女神アテナが教えてくれたようにその人の表面的な部分ではなく「その人の本質・心の中にある平和の炎」に意識を向けて話すようにしました。小さくなった炎に息を吹きかけて、炎が大きくなるように。

その後、しばらくすると、その人が別人かと思えるくらいフレンドリーになって話しかけてくれるようになったのです。

それまで私は、相手の嫌なところや表面的なところしか見ようとしていませんでした。私が「この人は苦手」という色眼鏡を使って、相手の嫌な部分にフォーカスして見ていたのです。だから、苦手な嫌な人として映し出していたのです。

この体験を通して気づいたことは、相手の本質に意識を向けることの大切さ。

そして、まずは自分のハートの中にある平和の炎を意識し大きく灯すことの大切さ。

みんな誰もがハートの中に平和の炎を持っています。この平和の炎は、私たちの「本質」なのです。相手の本質に目を向けると、相手が威圧的だったとしても影響されにくくなります。その人が嫌みを言ったり、威圧的な態度をとったりするということは、平和の炎が小さくなっていて、戦いの鎧を着ているということですよね。何か自分の中で弱さや認めたくないところがあるからですよね。

もし、相手の平和の炎が小さくなっていると感じたら、相手の平和の炎に意識を向けてみてください。相手の本質に意識を向けることで、その人が持っている平和の炎が大きくなるので、相手も威圧的に力を誇示しなくなるのです。

あなたも、表面的な自分ではなく、本質の自分に目を向けてもらったら嬉しいですよね。

その人の平和の炎、つまり、その人の本質に意識を向けると、平和の炎が活性化してさらに燃え上がり、平和の意識が拡大します。

私たちの中の最もパワフルな平和というエネルギーの炎を意識して、平和のエネルギーを伝播させていきましょう。まるで、オリンピックの聖火を分け与えるように。

平和の炎が世界中に広がっていったら素敵ですよね。

【work】

～戦いのエネルギーを癒やし自分の力を取り戻す～

女神アテナと一緒に、戦いのエネルギーを癒やして自分の力を取り戻すワークをしてみましょう。

私たちは意図していなくても、自分の戦いや攻撃のエネルギーを周りに対して放ったままにしていることがあります。

今世だけでなく、過去世で戦いのエネルギーを使ってきた時代もあるかもしれません。

そのような他人に放ったままの戦いのエネルギーを、自分に取り戻す必要があります。

また、いじめなどを受けたことがある場合、そのエネルギーが身体の細胞に染み込んでいることがあります。


まずは自分が人に対して放った戦いのエネルギーを回収します。

そして人から受けた戦いのエネルギーをその相手に返します。

そうすることで、自分本来の力を取り戻すことができるのです。

1. 深呼吸してリラックスしながら、「女神アテナ、私のもとに来てください」と心の中で呼びかけます。

2. 女神アテナに、「自分の前後左右を平和の盾で包んでください」と依頼しましょう。
※この盾は、平和、調和、安らぎ、バランスのエネルギーしか通さないので、この盾を通ると全部浄化されます。

3 心の中で次のように唱えます。
「この人生、過去世において、私が放った戦いのエネルギーをすべて自分に取り戻します」
※そのエネルギーを綺麗に浄化して、取り戻すと意図してください。

4 自分が放った攻撃的なエネルギーが、女神アテナの盾を通って、安らぎと調和のエネルギーとなり自分に戻ってきます。このエネルギーにはパワーがあります。自分の力が戻ってくるのを感じましょう。

5 次に心の中で次のように唱えます。
「この人生、過去世において、自分が人から受けた攻撃的なエネルギーをすべてその人に返します」

6 自分から黒い煙がワァ〜と出るのをイメージします。
そのエネルギーも女神アテナの盾を通って、綺麗に浄化されてからその人のもとへ返っていくと意図してください。
※その時にどこに返っていくかは知らなくて大丈夫です。ただ、その人に戻っていくとだけ意図してください。

7 ネガティブなパワーから解放されて、心地よい感じや自由になっている自分を感じられたらOKです。

8 女神アテナがサポートしてくれたことに「ありがとう」と感謝の気持ちを伝えましょう。

第5章

魂の自由を得る

聖母マリア

聖母マリアはイエス・キリストの母であり、キリスト教において重要な聖人の一人。

ルルド・ロザリオ聖堂前の聖母マリアは、
王冠を着けています。

王冠は、自分の魂、本質を表します。

本当の自分を確立した時に、エネルギー的な王冠が形づくられることを象徴しています。

また、本当の自分になれた時、自分が自分の世界の王であり、女王である象徴でもあります。

王冠のモチーフを取り入れると、「自分軸」の強化、「自分が自分の人生の主人公」であることを思い出すサポートをしてくれます。

聖母マリア像

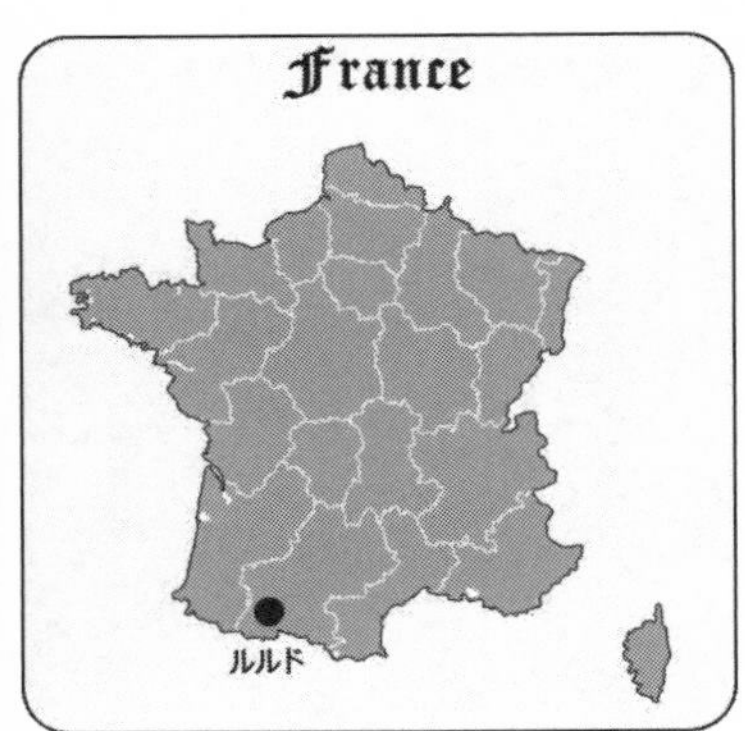

〈フランス ルルド〉

フランス南部、スペインとの国境近く、ピレネー山脈の麓にある美しく平和のエネルギーに溢れた小さな街です。

1858年に少女ベルナデッタが、聖母マリアからの啓示を受け、マッサビエルの洞窟から湧き出る泉を見つけました。その泉の水が病気の人々を癒やし奇跡を起こしたことから、ルルドの奇跡の泉と呼ばれ、今でも世界各国からたくさんの巡礼者・観光客が訪れます。

ルルドの街全体が、聖母マリアのやわらかく優しいエネルギーに満ちた心地のよい街で、聖母マリア像や天使などの置物をたくさん取り扱うお土産屋さんが軒を連ねています。ルルドの街を訪れた際は、ぜひお気に入りの素敵な置物を見つけてみてください。

ロザリオ聖堂

〈こんな時におすすめ〉

・自分の内側にある平和、穏やかさを活性化したいとき
・自分の完全性を思い出したいとき（身体の健康も含め）
・自分の内側にある神聖さに繋がれる場所

ありのままの自分と
今の自分との間を隔てているものを手放していく
ありのままの自分に一致していくことで
本当の意味で魂が飛翔していくことができる

本当の自分で生きた時に
魂の自由を獲得することができるのです

魂の自由を獲得するためには
あらゆる執着や、期待を手放していかなければなりません

それがあることは、逆に不自由さを生みます

ありのままの自分であることによって
本当の自由を得ることができる

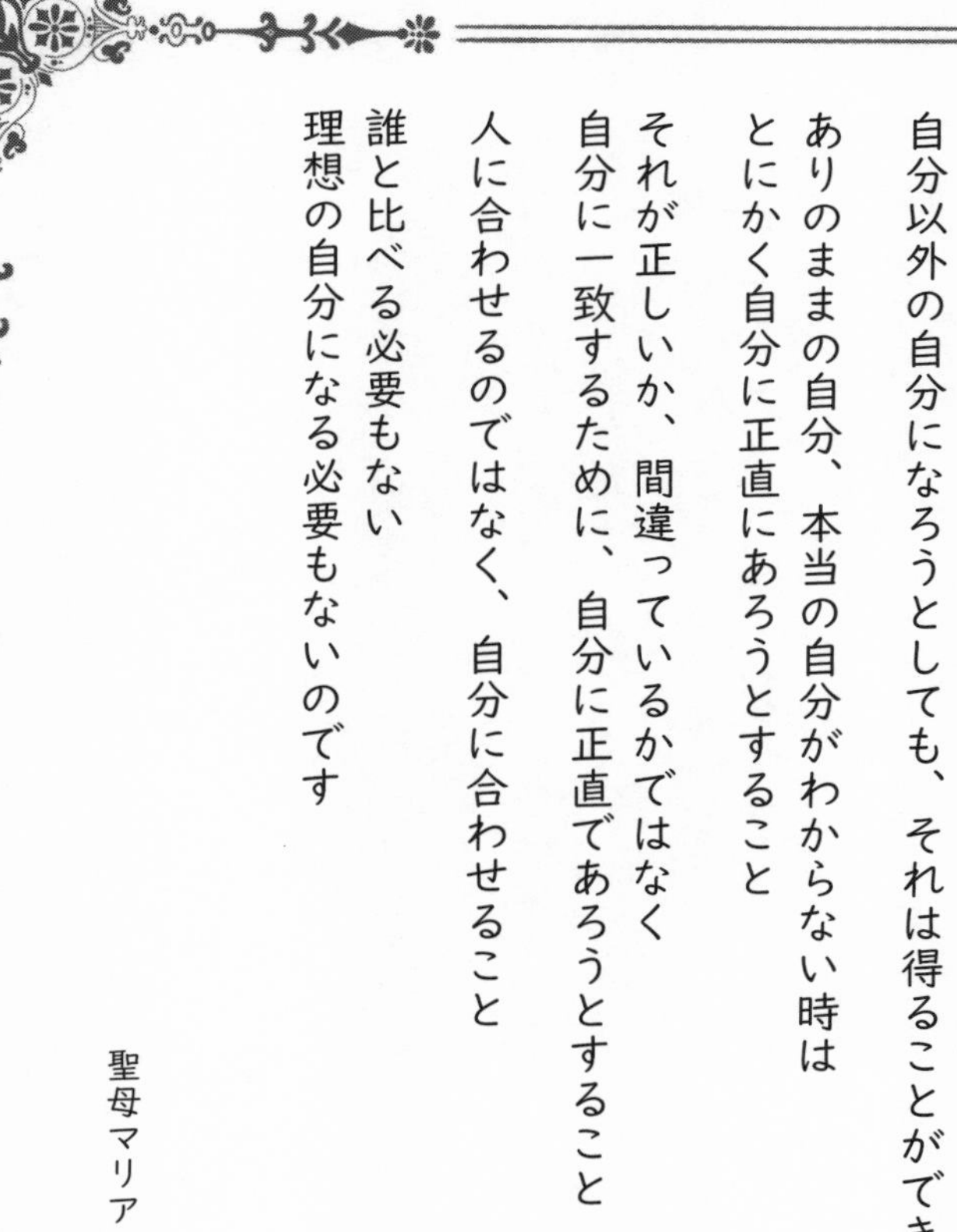

自分以外の自分になろうとしても、それは得ることができない
ありのままの自分、本当の自分がわからない時は
とにかく自分に正直にあろうとすること

それが正しいか、間違っているかではなく
自分に一致するために、自分に正直であろうとすること
人に合わせるのではなく、自分に合わせること

誰と比べる必要もない
理想の自分になる必要もないのです

聖母マリア

魂の自由とは？

この聖母マリアの言葉にある、「魂の自由」という言葉を聞いて、どう感じますか？何を思い浮かべますか？　普段の日常生活で、「自由」について考えることはあったとしても、魂の自由について意識したことは、あまりないかもしれませんよね。私自身、魂の自由について、聖母マリアのメッセージを聞くまでは考えたことがありませんでした。

では、聖母マリアの伝える、魂の自由とは、どういうことなのでしょうか？　その答えのヒントが、聖母マリアの言葉にあります。

『本当の自分で生きた時に　魂の自由を獲得することができるのです』

ということとは、反対に、私たちが本来の自分を隠して生きているとするなら、それは魂の自由を得られないということ。

つまり、**虚勢をはって鎧を着込んで、自分以外の自分になろうとしていては、魂の**

自由を得ることはできない、ということなのです。

だからこそ、鎧を脱いでありのまま、本当の自分で生きること。

それには、「結果に囚われないこと」「結果に執着しないこと」「自分がやりたいと思う事に動くこと」「本当の自分の気持ちに正直になって動くこと」が大切です。

私たちの**魂が求めているのは、結果ではなくプロセスと経験です。**

そこで何を得られるか、何に気づけるか、何を学べるかを魂は求めています。

これまでの時代は、何かをする時、何かにチャレンジをする時、結果を出すことが大事でした。やるからには結果や成果を出さなければ、うまくやらなければいけない。そんな思いがあったため、やる前から諦めてしまったり、なかなか行動に移せなかったり、行動すること自体にひるんでしまったり……。そんな経験が少なからずあるのではないでしょうか。

では、なぜ魂が求めていることとは違うことばかりを求めてしまっていたのかというと、それは私たちに「自我（エゴ）」があるからなのです。しかも、エゴの声は自分にとって都合がいいように囁いてきます。

「そんなことしたら恥をかいちゃうよ」「失敗したらどうするの」「うまくいかなかっ

たら傷ついちゃうよ」このようなエゴの声は、魂の声ではありません。

でも、私たちが心の鎧を着ているということは、自分の魂の声が聞こえず、エゴの声に従ってしまうのです。心の鎧を着ているということは、自分が傷つかないようにと、本当の自分を隠している状態。それでは魂の声は聞こえませんよね。

エゴの声に耳を傾けるのではなく、魂が求めている本当に自分がやりたいこと、自分にとっての真実だとわかっていることに耳を傾けましょう。

それに向かって行動をした時、魂の自由を得ることができるのです。

手放すってどういうこと？

続けて聖母マリアは、魂の自由を得るために必要なことを、こう伝えています。

『魂の自由を獲得するためには あらゆる執着や、期待を手放していかなければなりません』

この「手放す」とは、どんなことなのでしょう？

繰り返しになりますが、私たちは「〇〇はこうするもの」「〇〇はこうあるべき」「できない、やれない」「これじゃなきゃ、あれじゃなきゃダメ」「私なんて」など、本当の自分を発揮するのを阻んでいる概念や観念、恐怖や不安といった感情から、心の鎧を着込んでいます。

それは、ネガティブな感情や、自分に制限をかけていた概念や観念を、ギュッと握りしめて摑んでいるのと同じことなのですね。手放すとは、固く握りしめて摑んでいたものから手を放すこと。

たとえば、人やもの、出来事、感情に対して執着している場合、「絶対これがいい！そうじゃなきゃ嫌、この人は手放したくない！」とギュッと握り摑んでいる状態になっています。

この状態では、鎧を脱ぐこともできず、魂の自由を得ることはできません。

聖母マリアの言葉にあるように、**ありのままの自分と今の自分との間を隔てているものを手放していくから、鎧を脱ぐことができ、魂の自由を得ることができるのです。**

だからこそ、「握っているネガティブな感情を手放す」「鎧を脱いでいく」と、まず決めて、本当の自分と今の自分を隔てているものを「手放す」ことがとても大事なのです。

執着や期待を手放していくことの大切さ

聖母マリアの先ほどの言葉では、何を手放すようにとすすめていたでしょうか？

『あらゆる執着や、期待を手放していかなければなりません』

ではこの「執着」とは、一体何でしょうか。執着とは、簡単にいうと「一つのことに囚われてしまうこと」。さらにそこに心が加わることで、「失うことへの恐れ、しがみつきたい気持ち」という感情になります。

人やもの、出来事に対しての期待が大きく、思いが強くなってしまうと、それは執着になってしまいます。

「絶対こうでなきゃ！」「この人でなきゃイヤッ！」「何がなんでもこれが欲しい」と、

ギュッとその思いを握りしめることでどんどんエネルギーが重たくなり、逆に求めているものから遠ざかってしまいます。

また、自分自身に対しても、「こうあらねばならない」「こういう自分でなければならない」と縛りつけていると、それも執着になってしまいます。

その執着こそ、さらに鎧を脱げなくしてしまう原因なのです。

そしてそれが「逆に不自由さを生みます」と、聖母マリアは教えてくれています。

つまり、何かに対して執着して囚われすぎてしまうと、他が見えなくなってしまい、不自由さを生んでしまうのです。その状態では、今、目の前にあることを楽しめなくなってしまいます。

それだけでなく、こうでなければ楽しめない、この条件でなければ幸せになれない、ああでなければ、こうでなければと、外付けの条件に左右されてしまうのです。

皆さんも執着という言葉を聞いて、軽やかな印象は受けませんよね。

人を束縛してしまったり、相手の変化を拒んだりというのは、人に対しての執着のわかりやすい例です。どんなに好きな人からであっても、心配だからという理由で口うるさく行動を制限されてしまっては、窮屈で不自由さを感じてしまいますよね。

執着してしまう対象は、人やものごとだけではありません。今まで自分がやってきたこと、積み上げてきたことに執着してしまい、次に進めないこともあります。

たとえば、今まで勉強し習得してきた知識、取得した資格、積み重ねてきたキャリアを考えると、他に挑戦してみたいと思うことがあったとしても、

「せっかく時間もお金もかけたし、形にしなきゃもったいないかな……」

「今までやってきたのが無駄になっちゃうかな……」

と思ってしまうかもしれません。

でも、これも執着になってしまいます。

これまでのキャリアに執着があると、興味があっても全く違う道を選べなくなってしまうこともあります。今まで自分が頑張って築き上げてきたことを否定するように思えてしまい、新たな道に進むという自由を自ら奪ってしまうのです。

ここで重要になるのが、繰り返しになりますが、魂が求めているのは結果ではなくプロセスであるということ。

経験することが大切なので、挑戦したことが形にならなかったとしても、その時に

取り組んだことは決して無駄にはなりません。

逆に、挑戦して経験したからこそ、自分が歩むのはこの道ではないなと納得して、次に進めることもあります。私自身も、その時に惹かれることに動いていましたが、当時は形にならないこともありました。しかし、動き続けたことで自分がやりたいことが明確になり、今の自分があります。

だからこそ、今やっていることとは無関係であっても、自分のこれまでのキャリアと正反対であっても、もし自分が惹かれることがあるならば、行動に移してみる。

そうすることこそ、魂の自由へと繋がることになるのです。

執着があると願いは遠ざかってしまう⁉

私たちが現実を創造するにあたって、「こうなりたい、こうしたい」と願うことは大切なことです。しかし、願った結果に期待しすぎると執着になってしまい、願いは現実になるどころか、遠ざかってしまうこともあるのです。

願う時に執着がないと、「望む結果になったら嬉しいけれど、望む結果にならなかったとしても、それはそれでOK！」と、軽やかに受け止めることができます。そのくらいの軽やかな思いだと、「これじゃなきゃ！」と握りしめていた手が緩み、自分のエネルギーも軽くなるので、逆に望んでいたものがストンと入ってくるようになるのです。

このことを、身をもって体験したことがあります。以前、物件を探していた時に、どうしても希望のエリア内かつ希望の間取りの物件に引っ越したいと願っていました。そのエリアには、私の望む間取りが少なかったので、気になる物件が出てきた時はチャンスだったのですが、地方出張があり、すぐに内見に行けませんでした。

はじめはその物件に執着はしていなかったので、「そんなに焦らなくてもいいか……」と思っていました。しかし、出張から戻り不動産屋さんに問い合わせたところ、すでに決まってしまったとのこと。

改めてその物件をよく見ると、すべて条件にピッタリ！　この時から「あの物件がよかったのに……」と、願いが執着になってしまったのです。

一旦は諦めたものの、ネット上にはずっと募集広告が出ているので、再度問い合わせてみると、「明後日契約なので、この時点でキャンセルになることはないと思います」との返答でした。

とはいえ、諦めきれないほど魅力的な物件だったので、すぐにはすんなりと手放せませんでした。そのため、「なかなか〝ない〟んだよね」と、私の意識は「ない」を使っていたため、余計に手放せないでいたのです。

しかし、もう決まっている物件にいつまでも囚われていては、引っ越すことができません。そこで、第１章でご紹介した「紫色の光のシャワー」と、この後にご紹介する「手放しのワーク」を使って、その時感じたネガティブな重い感情（周波数）を手放し続けました。

すると、「しょうがない」という言い聞かせではなく、完全に囚われていた執着から、手が放れたのが自分でもはっきりとわかりました。

手放すことで自分のエネルギーが変わって、意識が広がり、「ない」と思っていたけど、「他にもある」ということに、はじめて目を向けることができたのです。

すると、なんと！　次の日に、不動産屋さんから契約がキャンセルになりました、と電話があり、希望の物件に引っ越すことができました。

願いに執着してしまうと、逆に願いは遠ざかってしまいますが、囚われを手放すことで自分のエネルギーが軽くなります。その結果、映し出す現実もスムーズになるのです。

ありのままの自分と今の自分を隔てているもの

聖母マリアは、手放すことについて、こうも伝えてくれています。

『ありのままの自分と今の自分との間を隔てているものを手放していく』

この「ありのままの自分と今の自分との間を隔てているもの」とは何なのでしょうか？

「〇〇はこうするもの」
「〇〇はこうあるべき」
「〇〇しなければならない」
「〇〇ができなければ、認められない」
「正しくしなければならない」

など、さまざまな固定観念・既成概念から無意識のうちに作り上げてきた、本当の自分を出すことを抑えている、ここまでお伝えしてきた「心の鎧」です。

また、聖母マリアの言葉にもあるように、人に合わせている自分や、誰かと比べてしまう自分が、理想の自分になろうとして、取り繕うために着込んできた「心の鎧」です。

このようにさまざまな「心の鎧」を着ていることで、ありのままの自分と今の自分が分離してしまい、どんどん本当の自分から離れていってしまいます。

だからこそ、ありのままの自分と今の自分との間を隔てているものを手放し、心の鎧を脱いでいくことが大切です。

それには、執着や期待を筆頭に、不安、恐怖などのネガティブな感情を手放していくことで、ありのままの自分になることができるのです。

正直に自分の心に従って表現しようとすると、不安や「私なんて」という無価値感をはじめ、いろいろな感情（周波数）が浮いてくるでしょう。

ありのままの自分を表現したら嫌われるかも、孤独になるかもという恐怖や、期待に応えられなかったらどうしようという恐れも、浮いてくるかもしれません。

しかし、その浮き上がってきた感情をどんどん手放していくことで、ありのままのあなたと一致して、魂の自由を得ることができるのです。

【work】

〜手放しのワーク〜

心の鎧を脱いで軽やかに生きていくためには、怒り、不安、悲しみ、執着など、重くネガティブな周波数を「手放す」ことが大切です。

ありのままの自分と本当の自分を隔てている重い周波数を、ワークを通して手放していきましょう。

1. 自分が手放したい感情・周波数の黒い塊が、胸、みぞおちに溜まっているのをイメージします（怒り、悲しみ、不安、嫉妬、私にはできないという無価値感など）。

2. あなたの両手の平がとても強力な磁石であると想定して、重たい周波数の塊を両手の磁石を使って、身体から引っ張り出すのをイメージします（塊は重たい岩などにイメージ変換しても OK）。

3 取り出した周波数の塊の重さを感じてから、宇宙に向けて放り投げます。

4 放り投げた重い周波数が宇宙で浄化され、キラキラした光となりあなたに降り注いできます。その光を身体全体に満たしましょう。

5 光が身体に馴染んだと感じるまで、ゆったりと数回深呼吸をしましょう。

正直であることこそ、本当の自由

どんどん手放して、ありのままの自分であろうとしているのに、時には本当の自分がわからなくなってしまうことがあるかもしれません。そんな時こそ、正しいか間違っているかではなく、今の自分の気持ちに正直であってください。でも、自分の本当の気持ちがわからない、と焦ってしまう方もいらっしゃるかもしれません。

そんな時の方法として、私が実践しているのは、毎日の生活の中で、今、自分がどうしたいと思っているのかをその都度ちゃんと感じてみることです。

たとえば、いつもは決まってコーヒーを飲んでいたとしても、朝起きたら「今朝は何が飲みたいかな？　身体は今何を欲しているかな」と自分に聞いてみる。

朝はコーヒーを飲むことが当たり前だったとします。でも家にはコーヒーもハーブティーも紅茶もある。この時、自分に意識を向けて、「今、私が飲みたいものは？身体が欲しているものはどれだろう？」と、今、自分が何を欲しているのか、自分の身体に尋ねて感じてみる。頭の声ではなく、身体の声に耳を傾けてみる。

すると、「毎朝、自動的にコーヒーを飲んでいたけれど、今日は温かいミルクティーが飲みたい気分」など、頭ではなく身体の声を感じるかもしれません。そう感じたらそれに従ってみましょう。飲み物だけでなく、毎日の食事も同じです。

別の例も挙げてみましょう。友達から、イベントに誘われた時、いつもは仲のいい友達が誘ってくれたのだからと、即答で「いいよ」と答えていたとしても、一旦、自分に意識を向けて「私は本当に行きたいの？」と、まずは自分に聞いてみましょう。

そうすると、「予定は空いているし、そのお誘いはもちろん嫌ではない。……けど、その休日は身体を休めて、家でゆっくり過ごしたいかな」と感じたとしたら、自分の心が楽になるほうを自分に正直に選択しましょう。

いつもこうだからと、自動的に続けるのではなく、ちゃんとその都度、何を欲しているのか、自分がどう感じているのか自分に意識を向けてみましょう。

こんなことで？　と思うかもしれませんが、それは、自分と向き合うことにもなり、本当の自分の気持ちがわかるようにもなるのです。

また、自分に意識を向けることで、本当は自分は無理していたんだと気づくかもしれません。聖母マリアは、こう伝えてくれています。

『ありのままの自分であることによって　本当の自由を得ることができる

本当の自分がわからない時は　とにかく自分に正直であろうとすること』

本当のあなたでいるために、いつもどんな時も、自分の本当の声に耳を傾けるように心がけてみましょう。

人と比べたり、周りに合わせたりするのではなく、あなたは、あなたのままで大丈夫なのですから。そしてたとえ、自分を出すことに恐れが出てきたとしても、それを手放して、自分の声に「正直に動いてみること」から始めてみましょう。

私たちが自分にウソをついて心の鎧を着て生きている時、それは魂の自由を得ていない状態で生きていることになります。

繰り返しになりますが、**自分の心に正直に、ありのままの自分と今の自分との間を隔てているものを手放し、本当の自分で生きた時、魂の自由を得ることができるのです。**

罪悪感と無価値感から解放されていくと
あなたはありのままの自分でも人の役に立っているので
「このままでいいんだ」ということを
自然と認めることができるようになります

何かをやっているから価値があり
何かをやっているから役に立っているのではなく
あなたがありのままの自分でも、周りのギフトになる
ということを認められるようになります

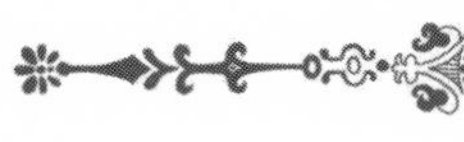

何もできないと思った時
何もできないことを素直に認める勇気が必要です
取り繕う必要はありません
わからなければわからないと言い
できなければできないと言い
やれなかったらやれないと言うこと
それは決して悪いことではありません
それがありのままの自分を認めるということ

聖母マリア

ありのままのあなたこそがギフト

ここまでで、聖母マリアの言葉から、魂の自由を得ることについて考えてきました。それには、ありのままの自分と今の自分との間を隔てているものを手放していくことがポイントでしたが、隔てているものとして、さまざまな感情が挙げられます。

中でも重たくて、隔たりを縮めるどころか、さらに距離を広げてしまう感情が、「罪悪感」と「無価値感」といえるでしょう。

私たちが罪悪感と無価値感という周波数を持っていると、「これができるから、私には価値がある」「これを持っているから、私には価値がある」という思いが根底に根付いてしまいます。すると、もし自分が期待に応えられず、それが「できなかった」「なくなった」となると、「自分には価値がない」「できない自分なんて申し訳ない」となってしまい、罪悪感と無価値感から自分を覆う鎧を、もっともっと膨らませてしまうのです。

さらに、罪悪感と無価値感があると、「私さえ我慢すれば」と自分のことは後まわしにしてしまいがちになります。あなたに思い当たることはあるでしょうか。

もし、答えが「はい」であれば、この聖母マリアの言葉をぜひ受け止めてみてください。

『罪悪感と無価値感から解放されていくと　あなたはありのままの自分でも人の役に立っているので「このままでいいんだ」ということを自然と認めることができるようになります
あなたがありのままの自分でも、周りのギフトになるということを認められるようになります』

罪悪感や無価値感から解放されて手放すことができた時、あなたはきっと、ありのままの自分を認めて受け入れることができるでしょう。

自分を取り繕うことなく、素直に素の自分を出していけるのが自分にとっても心地いいですよね。そして、そのありのままのあなたこそが、聖母マリアの言うように、周りにとっても、宇宙にとっても「ギフト」になるのです。

【work】

～罪悪感・無価値感を癒やすワーク～

聖母マリアとともに、アクアマリンブルーの薔薇を使って罪悪感・無価値感を解放するワークをしてみましょう（表紙の中央にあるアクアマリンブルーの薔薇をイメージしてみてください）。

1. 「聖母マリア、私のもとに来てください」と呼びかけます。

2. 聖母マリアが目の前にいるのをイメージします。

3. 自分のハートとみぞおちに、アクアマリンブルーの薔薇のつぼみがあるのをイメージしてください。

4. 聖母マリアのハートからアクアマリンブルーの光が放たれ、自分のハートとみぞおちにある、両方の薔薇のつぼみに光があたるのをイメージしましょう。

ハート：薔薇のつぼみが開くのと同時に
ピンクゴールドの光を放ちながら、罪悪感
から解放されるのを感じましょう

5 その光を受けて、まず、ハートにある薔薇のつぼみがピンクゴールドの光を放ちながら開きます。この時にあなたの中にある罪悪感も一緒に解放されるのを感じましょう。

〈ハート：罪悪感の解放　ピンクゴールドの光〉
〈みぞおち：無価値感の解放　ゴールドの光〉

みぞおち：薔薇のつぼみが開くのと同時に
ゴールドの光を放ちながら、無価値感から
解放されるのを感じましょう

6 次に、みぞおちにある薔薇のつぼみがゴールドの光を放ちながら開きます。この時にあなたの中にある無価値感も一緒に解放されるのを感じましょう。

7 両方の薔薇が綺麗に開いたら、ゆっくり深呼吸。
最後にサポートしてくれた聖母マリアに感謝を伝えましょう。

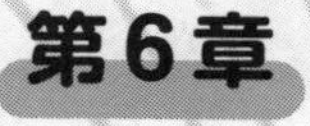

あなたは受け入れられている強い存在

マグダラのマリア

イエス・キリストのパートナーであり、イエスの教えを最も理解した弟子の一人。歴史上では娼婦といわれさげすまれたこともありましたが、2016年にヴァチカン法王庁よりイエスの復活を伝えた最初の使徒として認められました。

サント・ボーム山塊

France

サント・ボーム

〈フランス　サント・ボームの洞窟〉

サント・ボームはフランス南部のサン・ピロン山の頂上付近にあります。伝説では、マグダラのマリアはイエス・キリストが磔刑（たっけい）に処せられた後、海に面したサント・マリー・ド・ラ・メールを経てサント・ボームへたどり着き、この洞窟で約30年間過ごしたとされています。
時には天使がマグダラのマリアを山の頂上まで運んだという逸話も残されていて、現在、その山頂には小さな礼拝堂が建てられています。山頂まで登るのはなかなか大変ですが、景色も素晴らしく、パワフルな場所なのでぜひ山頂も訪れてみてください。

山頂の礼拝堂内

〈こんな時におすすめ〉

・自己信頼を活性化したいとき
・自分の中にある、ブレない強さ、しなやかな強さを確立したいとき
・自分を完全に認め受け入れるという強さを活性化したいとき
・自分の中の闇を見つめる覚悟・勇気がある人には、大きく変われるきっかけとなる場所
・敬意を持たず訪れるのはあまりおすすめしません

被害者になってはいけません
私は迫害を受けたこともありますが
自分が被害者だと思ったことは一度もありません
それが個としての尊厳だからです

個としての尊厳とは
生まれながらにして、宇宙に認め受け入れられ
そして愛されているからこそ
あなたがたは個としての尊厳そのものなのです

何を体験したとしても、ベースでは宇宙に認め受け入れられています

宇宙の存在から100%認め受け入れられ
愛されているというのがベースになければ
ここに生まれて来ることがありません

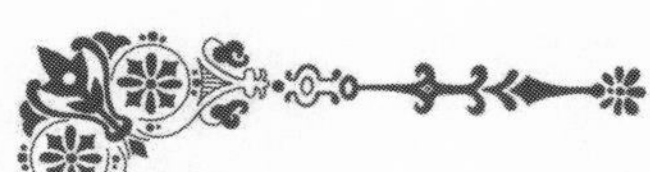

すでに認められ、愛され、受け入れられているあなたがたは
被害者であるということはありえません
間違って産み落とされたのではなく
間違って地球に来てしまったのでもなく
完全に受け入れられ
迎え入れられているのだから
あなたがたは決して弱い存在ではありません

個の尊厳を持った強い存在です
すべてを受け入れられ、愛されている存在です
それをいつも意識の中に入れておいてください
知っておいてください

あなたがそれをベースに行動する時に
あなたの行動には、すべてその性質が反映されることになります
それは、受け入れられてる、愛されているということ
これが反映されるということはあなたは周りから
受容される
愛される
優しくされる
という経験に反映される
でも自分が被害者という立ち位置にいた時に
常に自分が被害を受けているような事柄が反映される

ほらこんなことをされた
こんなことを言われたとなってしまうでしょう
ですから、あなたがたの生得（せいとく）の権利である個の尊厳を
常に意識するようにしなさい
今一度言います
個の尊厳とは
すでにあなたがこの地球に生まれた時
宇宙からあなたは完全に認められ、愛されているという真実です
常にこれを忘れないようにしなさい

マグダラのマリア

あなたは愛されています

ここまで読んでいただいて、心の鎧を脱いで、「ありのままの自分で生きていこう」と許可を出すことができたでしょうか。

もし、まだ迷いがある、素の自分を出すのは怖いなという思いがちょっとでも残っているなら、マグダラのマリアのこの言葉を信じてみてください。

『あなたがたは決して弱い存在ではありません
すべてを受け入れられ、愛されている存在です』

マグダラのマリアは、イエス・キリストが磔刑に処せられた後、サント・ボーム（フランス南部にある洞窟）で約30年間、祈りを捧げてきたといわれています。周囲からさまざまなことを言われながらも、自分の信念を貫き、凛とした芯の強さを感じさせる女性です。そんなマグダラのマリアは、私が憧れる聖人の一人です。

マグダラのマリアが伝えているように、**私たちは誰もが宇宙から愛されている存在**

です。でも、まずはそれを自分で認めなければ、愛されていることを受け入れるのは難しいのです。第１章で登場した、聖フランチェスコもこう言っていました。

『素の自分、今の自分で愛されることを自分に許す』

自分で許可した分しか、私たちは愛を受け取ることができません。

せっかく愛されているのに、自分でその愛を拒んでしまっては、いつまでも愛されていると感じられませんよね。私は宇宙に受け入れられていて、愛されている存在なんだ。そう自分に言ってあげましょう。

私は愛されているんだ、愛されていいんだ、と自分に許可を出せると、どんな自分であってもいい、ありのままの自分でいいんだと、今は思えなかったとしても、少しずつ思えるようになるでしょう。

あなたはすでに受け入れられている強い存在

イエス・キリストに近しい存在であったマグダラのマリアは、相当な批判や非難を受けてきたことでしょう。そんな彼女だからこそ、私はマグダラのマリアが伝えてくれているこのメッセージが心に響きました。

『被害者になってはいけません』

マグダラのマリアは、どんな意図をもってこの言葉を伝えてくれたのでしょうか。

「どうせ自分はダメなんだ」

「ありのままの私では、受け入れてもらえない」

「あの人にこんなことをされた、こんなことを言われた」

と、悲劇のヒロインのように振舞い続けていてはいけませんよ、ということです。

私たちが被害者意識でいる時、それは「自分で自分を幸せにできる」という、本来の力をすっかり忘れてしまっている状態です。

「酷いことを言われた」「どうせ愛されないんだ」という被害者意識でいると、自分の意識が現実を創っているのですから、本当に被害者になるような現実を体験することになってしまうのです。みんな誰もが、楽しく幸せに生きていきたいですよね。

そのためには、自分の意識を、常に楽しさや心地よいエネルギーで満たしていることが大切です。そうは言っても、常に楽しさで自分を満たすことや、ずっと心地よくいるのは難しいし、日々の生活の中で、つらくて心が折れる日もあるかもしれません。

しかし、マグダラのマリアは、私たちにこう力強くエールを送ってくれています。

『宇宙の存在から100％認め受け入れられ
愛されているというのがベースになければ　ここに生まれて来ることがありません
すでに認められ、愛され、受け入れられているあなたがたは
被害者であるということはありえません
間違って産み落とされたのではなく
間違って地球に来てしまったのでもなく
完全に受け入れられ　迎え入れられているのだから
あなたがたは決して弱い存在ではありません』

ここでいう宇宙とは、私たちの源であり、根源のことです。その私たちの根源の宇宙が、誰一人例外なく、私たちを100%認め、愛してくれているのです。

この100%とは、ありのままのあなたのこと。どんなあなたも認めて愛してくれています。宇宙は私たちに、「こんなふうになりなさい」「そんなあなたではダメですよ」とジャッジすることは、ありません。

宇宙は常に、どんな私たちであっても、受け入れてくれているのです。

宇宙に認められ、愛されている私たちは、マグダラのマリアが伝えてくれているように、本来はとても強い存在なのです。

このメッセージを聞いて私は「根源の宇宙から愛されているのだから、あの人からも、この人からも、無理をしてまで愛される必要がないんだ……」と腑に落ちました。

すると力が抜けたことで体感が変わり、また一つ鎧を脱ぐことができました。

皆さんも心の中で、今はそう思えなかったとしても、「私は、根源の宇宙から愛されているのだから、無理をしてみんなから愛されようとする必要はないんだ」と思ってみてください。

「そうなのかもしれない、そういうこともあるのかもしれない」と、ちょっと心を開いた時に、あなた自身の体感がどう変わるかを感じてみてください。

私は普段から、「エッ！」と思うような予期せぬことを起こしてしまった時や、行き詰まってしまった時は、空を見上げて、宇宙を全身で感じるようにしています。

そして、「一人じゃない」ということ、「今はわからないけど、結果、これが最善の流れになる」と、宇宙を信頼して進むようにしています。

もし、あなたの前に壁と思えるような出来事が立ちはだかったとしたら、できない自分を責めたり、一人で頑張るのではなく、宇宙に愛されていることを思い出してみましょう。

あなたはそのままでも、宇宙に受容され、愛されているのですから。

魂から自由になろう

あなたにとっての幸せとは何ですか？　さまざまな幸せの形があるかと思います。その中で、自分のしたいことを体現していきたい、思い描く人生を生きて生きたいと望む方も多いですよね。

きっと、この本をここまで読んでくださったあなたは、そうしたいと願っていらっしゃると思います。

そのためには、人の目が怖かったとしても、自分のしたいことを選択する。人から期待されているとわかっていることでも、したくないことはやめる。

そんなことも、時には必要になります。

何か新たなことを始める時、大きな決断をする時、はじめは勇気が必要かもしれません。成果を出さなきゃ、失敗したらどうしようと、恐怖に呑まれてそこで諦めて止まってしまうこともあるかもしれません。

でも、試さなかったことの後悔のほうが、心に大きなシコリとして残ってしまいます。

「最大の敵は自分」という言葉を聞いたことがあるかもしれませんが、まさに自分の才能や、体験できる素晴らしい世界を閉ざしているのは、自分しかいません。

自分は受け入れられないんだ、と被害者になってしまうと、自ら心を閉ざしてしまうのです。

逆に言うと、「**自分の最大の応援者はあなた自身**」です。

だから、周りの人があなたのことをどう言おうと、自分を信頼していきましょう。

あなたはすでに宇宙に愛されているのですから。

あなたの人生には２パターンあると想像してください。

一つは、周りに合わせて、固く重たい心の鎧を着込み、うまくいかないことを周りのせいにして不満が絶えない世界。

もう一つは、心の鎧を脱いで、軽やかな状態で自分の人生の選択に責任を持ち、自由で幸せに生きる世界。

あなたはどちらの世界を選びたいですか？　どちらの世界がワクワクしますか？

二つ目の世界で、自分らしく幸せに生きている自分を、イメージできますか？

イメージできるということは、その世界を体験できます。

何度もお伝えしてきましたが、この世は映し鏡です。私たちが自分の意識をその世界に疑いなく向けるだけで、現実に映し出されていくのです。

ですから、「やるべきこと」にではなく、「自分が好きなこと・やりたいこと」に、あなたの大切な時間・命を使っていきましょう。


私たちはみんな、幸せになっていいのです。

私たちはみんな、輝いていいのです。

私たちはみんな、自由に、自分らしくありのままで生きていいのです。

本当の自分で生きた時、私たちは魂の自由を得て、本当の意味で自由に平和に、幸せな人生を生きていくことができるでしょう。

おわりに
～魂の本当の道を生きるには～（聖母マリアからのメッセージ）

最後まで読んでいただき、ありがとうございます。

私自身、本当の自分に還る旅は、まだまだ続いていますが、自分の考え方を変え、持っている固定観念や既成概念の周波数を一つひとつ手放すことで、人生が楽になり、好きなことを仕事にすることができ、可能性も広がりました。

心の鎧を脱いでいくことによって、自由に楽しく、自分の人生を生きることができていると感じています。

そして、心の鎧を脱ぐことで、今まで素直になれず何かときつくあたっていた父に、自分の素直な気持ちを手紙に込めて伝えることができました。

自分の奥底にある思いと向き合えたことで、今までは照れくさくて、とてもではないけれど、父に言えなかった自分の正直な気持ちを認めることができました。それまではすぐ怒るから嫌いだと思っていましたが、本当は甘えたかったし、好きだったんだなと。

その気持ちを父が元気なうちに、直接ちゃんと伝えないと後悔する。そう思ったので、父の誕生日に手紙を書いて渡すことにしました。

子供の頃は怖くて嫌いだったこと。でもディズニーランドに連れて行ってくれたなどの記憶に残る嬉しかった思い出もあることや、自分の人生の選択を応援してくれて感謝していること。

自分も大人になって社会で働くという意義がわかり、父も大変だったんだろうなと思えたこと。

そんな自分の気持ちを、素直に手紙にしたためました。

そしてなにより、今まで一度も父に対して言ったことがない、「大好きなパパへ」と、最後に書くことができました。

父本人に「好き」という思いを伝えるのは、何かを成し遂げるよりも、私にとっては大きなことでした。

それは、私にとって大きな解放となり、一つ心の鎧を脱ぐことができたのです。心も軽やかになり、また一つ前に進むことができました。

はじめは本当の自分を出すこと、鎧を脱ぐことが怖いと感じるかもしれません。

でも少しずつでも鎧を脱いでいくことは、あなたの本当の光を放つことに繋がります。

誰もがみんな、自分の人生の主人公として輝いて生きていく時代がやってきました。

輝いて生きることは特別なことではありません。

あなたも素敵、みんなも素敵。

みんながそれぞれ、自分の音や色を放って輝いていいのです。

これからの世界が、みんなお互いを認め合い、協力し合い、本当の平和と調和の世界になったら素敵だなと思います。

最後に、今まで私が諦めたくなったり、もうダメかなと思ったりするたびに、何度も何度も読み返し、支えられた一番大切にしてきた聖母マリアからのメッセージをここに残したいと思います。

魂の本当の道を見つける時には
一時的に孤独を味わうことがあるかもしれないことを、恐れないこと
自分に一致して自分を表現すると
周りが離れることもあるかもしれない

そうなるとは限らないけれど
そうなることも厭(いと)わない、恐れないこと
それが本当の自分を見つけることです
本当の自分を生きるとは、そういうことです
それが自分の中に天国を見つけるということです
自分の中の天国の門に入ることが、アセンション[注]への道に繋がる
多くの者がその門の入口にも辿り着いていていない

注）アセンション
魂と肉体がともに次元上昇すること

常に外のことばかり、人の反応を気にしたり
外のことを気にすることで迷うでしょう
自分の心と一致していないのだから

そうすると天国に繋がる門すら見えなくなってしまい
いつも壁につき当たる

門がここに開いているのに
迷って違うところを見るから、そこは壁になり、こっちも壁になり
八方塞がりになって、どうしたらいいのだろうとなった時に
その門を見つける道は

「自分に正直になること」

すると門が開いていたんだとわかる

そして門が開いていたとわかったら、その中を進み続けなさい
勇気を持って進み続けなさい
そして常にそこに本当の自由があったんだと気づく
本当の幸福も
本当の豊かさも
本当の調和も
本当の喜びも、そこにあったんだと気づく
いままでもこれからもそれはなくなることはなく
それにただ気づくだけです
自分の中にあったんだと気づくだけ

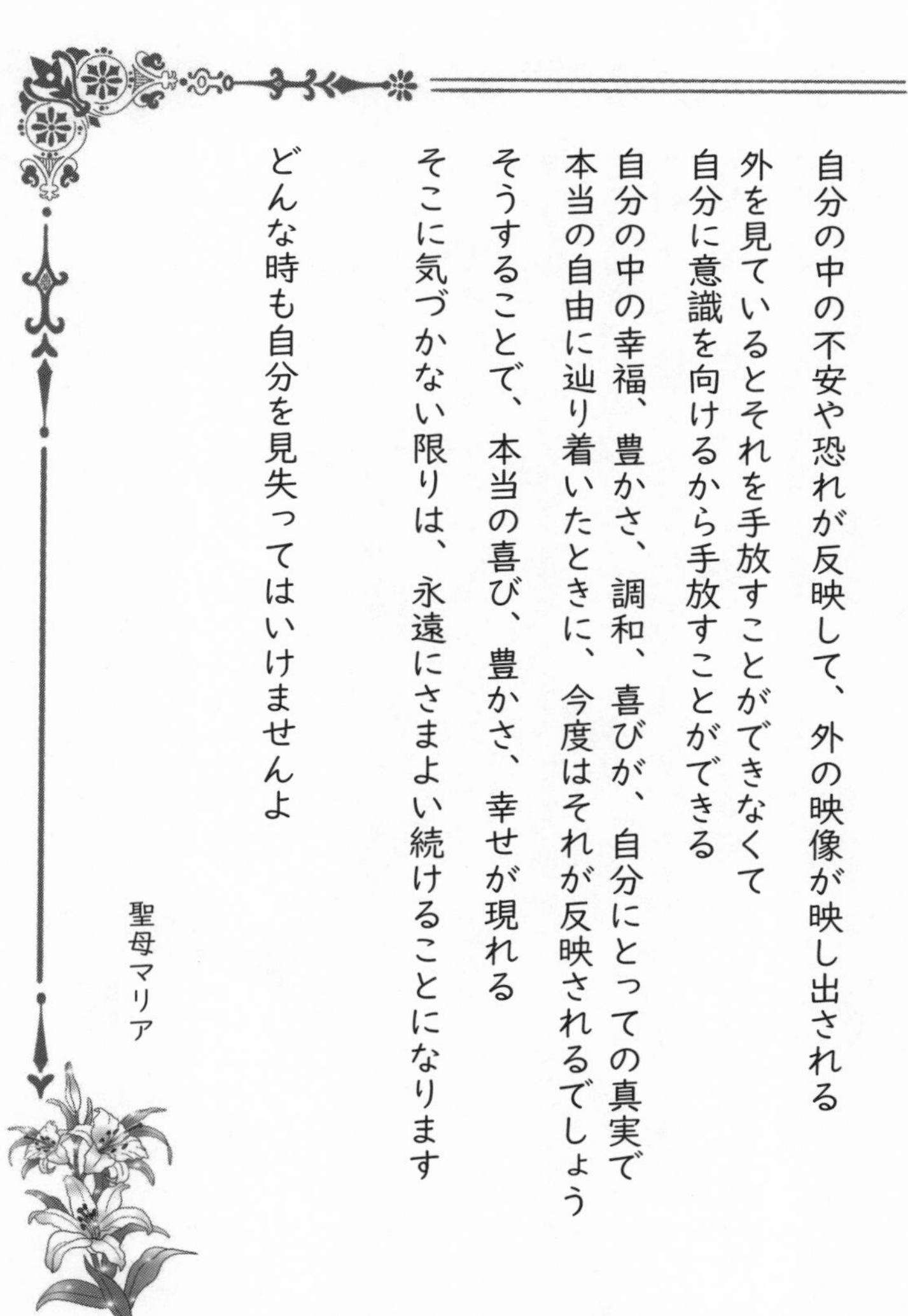

自分の中の不安や恐れが反映して、外の映像が映し出される
外を見ているとそれを手放すことができなくて
自分に意識を向けるから手放すことができる
自分の中の幸福、豊かさ、調和、喜びが、自分にとっての真実で
本当の自由に辿り着いたときに、今度はそれが反映されるでしょう
そうすることで、本当の喜び、豊かさ、幸せが現れる
そこに気づかない限りは、永遠にさまよい続けることになります

どんな時も自分を見失ってはいけませんよ

聖母マリア

この聖母マリアからのメッセージが、あなたにとっても、これから魂の道を生きるうえで背中を押してくれる言葉となれば嬉しいです。

あなた本来の輝きを発揮し、魂の自由を得て、虹色に輝くさらに素敵な人生となりますように。

最後になりましたが、本書を出版するにあたり、ご縁をつないでくださった川井かおるさん、長きにわたり相談にのってくださり、ご尽力くださった編集の河村由夏さん、今回このような素晴らしい機会をくださったヒカルランドの石井健資社長はじめ、本書出版にあたり携わってくださったすべての皆さまに心より感謝申し上げます。

そして、大きな愛で見守り、愛あるメッセージを送ってくださった高次元の皆さま、たくさんの学びをいただき本当にありがとうございました。素晴らしいメッセージを伝えてくださった並木良和さん、深い学びに導いてくださり、また多大なるご協力をいただき本当にありがとうございました。お陰様で魂のブループリントである本を纏め上げることができました。心より感謝申し上げます。

惜しみなく最強のサポートをしてくださった望月千尋さん、イメージ通りの素敵なイラストで本書に彩りを加えてくださったｍａｙｏさん、修正にご協力いただいた澤田美希さん、本の完成を気にかけていつも応援してくれた友人たちに、心より感謝いたします。

そして、今までご縁をいただきましたクライアントの皆さま、講座やリトリートにご参加いただきました皆さまに改めて感謝申し上げます。

皆さまのお陰で、本の出版を無事に完了することができ、ここまで至ることができました。

本当にありがとうございました。

嶋村えり子

※参考文献

自分発振で願いをかなえる方法
著者　村松大輔
サンマーク出版

嶋村えり子　しまむら えりこ

株式会社 Blue Lotus 代表

神奈川県出身。学生の頃、偶然テレビで目にしたミケランジェロの絵画がきっかけとなり、ヨーロッパをはじめとする世界40か国以上を旅する。30代で不安障害を発症し、心身のバランスを崩したことを機に心理学・メンタルトレーニング、スピリチュアルの学びを深め「世の中はすべてがエネルギーである」という真理に行きつく。現在は、自身が経営する Divine Lotus にて、「音」や「色」を使った個人セッション、講座を行っている。各人の本来の願望と魅力を引き出すカウンセリングは高い評価を受けている。

また、自身の旅の経験を生かし、海外リトリートを企画開催し好評を博している。

・音叉セラピスト　・カラーセラピスト　・パーソナルカラーアドバイザー

ホームページ　https://divine-lotus.jp/

YouTube　えり旅

本当の自分に還る旅
～心の鎧(よろい)を脱いでありのままに生きていこう～

第一刷　2023年6月30日

著者　嶋村えり子

発行人　石井健資
発行所　株式会社ヒカルランド
〒162-0821　東京都新宿区津久戸町3-11　TH1ビル6F
電話　03-6265-0852　ファックス　03-6265-0853
http://www.hikaruland.co.jp　info@hikaruland.co.jp
振替　00180-8-496587
本文・カバー・製本　中央精版印刷株式会社
DTP　株式会社キャップス
編集担当　河村由夏

ISBN978-4-86742-272-4

2023年3月31日

イッテル本屋
グランドオープン！

みらくる出帆社
ヒカルランドの

イッテル本屋がヒカルランドパークにお引越し！

神楽坂ヒカルランドみらくる3Fにて

皆さまにご愛顧いただいておりました「イッテル本屋」。

2023年3月31日より

ヒカルランドパーク7Fにてグランドオープンしました！

さらなる充実したラインナップにて

皆さまのお越しをお待ちしています！

〒162-0821　東京都新宿区津久戸町3-11 飯田橋TH1ビル7F　イッテル本屋

ヒカルランド　好評既刊！

地上の星☆ヒカルランド　銀河より届く愛と叡智の宅配便

NEOジーザスと
NEO釈迦の超覚醒
著者：松久 正
四六ハード　本体1,800円+税

すべてが叶う
究極の次元〈アッパールーム〉
の教え
【自己実現】の超法則
著者：ポール・セリグ
訳者：斉藤宗美
四六ソフト　本体3,300円+税

天を味方につける生き方
著者：山納銀之輔
四六ソフト　本体2,000円+税

わたしは王 風の王になる
著者：金城光夫
四六ハード　本体1,600円+税

【霊統】で知った魂の役割
著者：木内鶴彦／松尾みどり
四六ソフト　本体1,800円+税

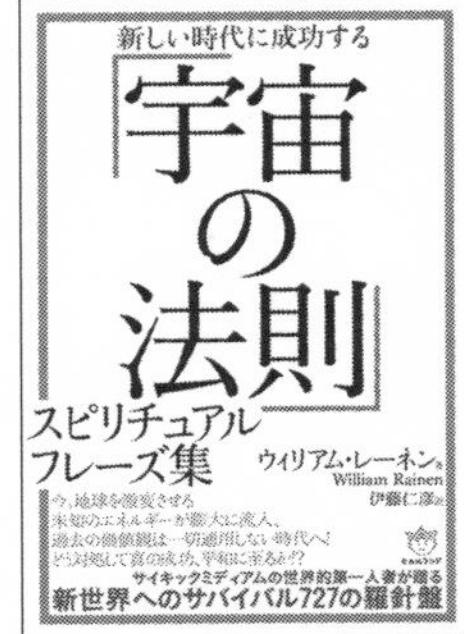

「宇宙の法則」
スピリチュアルフレーズ集
著者：ウィリアム・レーネン
訳者：伊藤仁彦
四六ソフト　本体1,800円+税

ヒカルランド　好評既刊！

地上の星☆ヒカルランド　銀河より届く愛と叡智の宅配便

神脈と天命につながる
浄化のコトダマ
著者：つだあゆこ
四六ソフト　本体1,900円+税

ウォークインが
教える宇宙の真理
著者：のりこ
四六ソフト　本体1,700円+税

サイン
著者：ローラ・リン・ジャクソン
訳者：田元明日菜
四六ソフト　本体3,600円+税

自愛は最速の地球蘇生
著者：白鳥 哲
四六ソフト　本体2,000円+税

生理・子宮・卵巣・骨盤を
自分で良くする
『女子の神５』メソッド
著者：三雅
四六ソフト　本体1,500円+税

レイキ（靈氣）
人生を見つめ直す最高のタイミング
著者：中島めぐみ
四六ソフト　本体1,800円+税